1年で50kgやせた
医師がやっている

おさんぽダイエット

石原クリニック院長
石原広章

自由国民社

はじめに

みなさん、はじめまして。私は、京都市伏見区で産婦人科・内科を専門とする「石原クリニック」の院長をしている石原広章《いしはらひろあき》と申します。

この本を手に取っている方のなかには、何度も、いろんなダイエット方法を試し、結局リバウンドをして「今度こそはやせたい」と決心されている方もいると思います。

じつは私も、これまでダイエットを繰り返していました。１２６kgまで増えて入院して体重指導を受けたこともありました。産婦人科医として、ぽっちゃり&ゆるキャラ体型だと、女性患者さんに安心感と親近感を与えるメリットはあります。

しかし体重管理が必要な患者さんにダイエット指導をする本人が太っていると、まるで説得力がありません。そこで意を決して減量するもリバウンド。

さらに妻は同じクリニックで内科医として、糖尿病患者さんや肥満気味の方にも生活習慣病予防のために食事指導をしていたので、妻からも患者さんからも、気まずい空気を常に感じていました。

そんなふうに体重が増減しているなかで、コロナ禍で出前生活になり一気に体重が加速。50歳を目前に、123kgという、過去最大の126kgに迫る体重を記録しました。

そしてある日、妻から**「あなた、前から見た幅と横から見た幅が一緒になっているわよ」**と言われたのです。

さらに昔からの年上の知り合いが50歳をすぎて次々と大病を患ったという話を耳にし、糖尿病や脳梗塞など、メタボが原因とする病気を目の当たりにし、「2人の娘が成人するまで、自分に何かあっては家族に迷惑がかかる」と、真剣にダイエットを考えるようになりました。

そこで49歳9カ月の時、**「1年間で50kgやせる」**という目標を立てたのです。

6月にダイエットを開始し、8月の健康診断で血液検査の数値が正常化、そして、ダイエットにはずみがついて1年間で123kgから72kgへ、51kgのダイエットに成功することができました。その後リバウンドはせず、現在もキープしています。

そして、私が成功させたダイエットのベースとなっているのが、この本で提唱する**「お**

さんぽダイエット」です。

「おさんぽダイエット」は、その人の現在の体重、目標とする体重によっても異なりますが、**1日20分〜30分、週3〜4日のペース**で、その名の通り、おさんぽをするというダイエット方法です。

じつは「おさんぽ」は、有酸素運動としても優秀で、準備するものは普段着と運動靴だけ。歩いているだけなので、「運動をしている」という意識がなく、気分転換の意識できるため、長続きしやすいのです。

クリニックに婦人科系の不調で来院される方には、妊娠・出産をきっかけに太ってしまった方、更年期になって体重がいっきに増えた方なども多数いらっしゃいます。内科の患者さんでも男女問わず順調に1年1kg体重が増え、気がついたら学生時代より30kg増えていたというケースもよくあります。

そこで患者さんに「おさんぽダイエット」を勧めると、「運動や食事制限は苦手だけど、おさんぽをするだけでいいなら……」と取り組んでくれる方も多く、3kg、5kgと、それぞれの方のペースで体重が落ち、「先生、○kg減りました」と嬉しそうに報告してくれます。

そして体が軽くなると、「せっかくやせてきたのだから食事にも気をつけよう」「何か運動を始めよう」と健康意識も高まり、どんどんアクティブになっていきます。そんな患者さんの姿を見ると、私も、とてもうれしく感じます。

コロナ禍で人付き合いが減り、外出の機会も少なくなり、運動量が激減した方も多いでしょう。今までの食生活を続けていれば、これまで運動で消費されていた分が過剰となり、身体にどんどん蓄積され、体重も増えていくいっぽうです。

体重が増えれば、当然、メタボリックシンドロームとなり、糖尿病、心臓病、脳卒中など重大疾患のリスクも高まります。

人生100年時代、ぜひとも「おさんぽダイエット」で健康を手に入れて、人生を謳歌してください。

石原クリニック・院長　石原弘章

目次

第2章 今日から「おさんぽ」をはじめなさい！

第3章 おさんぽ前にはおにぎりを食べよう

第4章 雨の日はどうしたらいいの？

第5章 「IT」という無料のコーチをつけなさい

第6章 自己肯定感がアップしてなりたい自分になれる

第7章 神さまのチカラを借りてみる

第1章

あなたはなぜ
やせられないのか？

ダイエット難民は日本に1000万人いる

太っているのは、あなたのせいではない

一般的に太っている人は、「自分に甘えている」「努力が足りない」という目で見られがちです。就職試験の面接でも低い評価を受けたり、職場でも太っている人は、自己管理ができない人＝仕事もできない人と思われ、イメージも悪くなります。

ライザップが、２０１９年に実施した『ダイエットの成功と失敗に関する調査』（４２３０人対象）では、ダイエット経験者は44・８％、厚生労働省の人口動態統計から計算すると約１０００万人がダイエットをしていることになります。

ジムに通ったり、バナナダイエットをしたり、糖質制限が流行ったり、次から次へと「ダイエットブーム」が起こるのは、結局はダイエットに失敗している人のほうが圧倒的に多いからです。実際、６割が短期でリバウンドをするとも言われています。

では、どうしてダイエットに失敗してしまうのでしょうか？　理由はいくつかありますが、１つには遺伝的要因があります。

そもそも、ほとんどの人は、飢餓などから身を守るため、先祖から「肥満遺伝子」を受け継いでいます。「肥満遺伝子」にも種類がいくつかあり、内臓脂肪がつきやすい遺伝子、皮下脂肪がつきやすい遺伝子、１度太ると痩せにくい遺伝子があります。

また、遺伝子には脂肪燃焼を促進するものが何種類かあります。この脂肪燃焼促進遺伝子を持っているのが、「いくら食べても太りにくい」というラッキーな人です。

しかし、これらの脂肪燃焼促進遺伝子がない人や、脂肪燃焼遺伝子が変異して、うまく働かない人は、ちょっと食べすぎただけで太ってしまうのです。

さらに現代人は、ストレスを抱えている人が増えています。ストレスがたまると、ホルモンバランスが崩れてしまいます。とくに脳内神経物質のセロトニンが減少すると攻撃性が高まったり、不安やうつなどの神経障害が出てきます。

セロトニンは食欲をコントロールする作用があるので、セロトニンが少なければ過食や拒食などの摂食障害を引き起こす原因となります。そのため、人によっては暴飲暴食の過食に走って、ぶくぶくと太ってしまいます。

ですから、「ダイエットしないといけない」と思っても、それが知らず知らずにストレスになり過食を引き起こし、自己嫌悪でさらにストレスというマイナスのループに陥っている人も多いわけです。

このようにダイエットが続かないのは、あなたに根性がないわけではありません。体質であったり、環境であったり、太る原因があります。

それらを知った上で、太りやすい体質の人は、食事量を少し控えたり、脂肪燃焼しにくい人は積極的に運動をしたり、ストレス過多の人は、ストレスを取りのぞいたりするなど、**太っている原因を1つずつ減らしていくことが大切**です。

しかし短期決戦の苦しいダイエットでは挫折しやすく、やめた瞬間にリバウンドを招いてしまうのは、みなさんもご経験からご存じだと思います。

そこで自分が無理なく、楽しく続けられる形でダイエットをすることで、みなさんもダイエット難民から脱出できるのです。

目の前にラーメンがあれば食べるのが人間

早い！うまい！安い！の誘惑

牛丼チェーン店の売り文句ではないですが、「早い！うまい！安い！」は、平均年収が横ばいどころか増税で給料の手取りがどんどん減っている今、家計にはとてもありがたいことです。ところが、ダイエットという観点からすると、この「早い！うまい！安い！」が罠だったのです。

貧乏で食事にお金をかけられないというと、どんどん痩せ細ってしまうイメージがありますが、じつはその逆です。日本では、40歳以下の糖尿病患者の約60％近くが年収２００万円以下という、びっくりするようなデータもあります。

これは、一般的に貧困層ほど単価が安い炭水化物の多い食事を摂取しがちなので、カロリー過多になってしまうからです。ラーメン、牛丼など、お米や麵の多い食事は満足感を得やすいですが、急激な血糖値の上昇を促してしまいます。

血糖値というのは、血液中に含まれる糖分（ブドウ糖）の濃度のことで、糖分が多い食事を摂ると、血糖値も上昇します。糖分は砂糖だけでなく、お米、麺、パンなどの炭水化物にも多く含まれています。

血糖値が上がると、インスリンというホルモンが分泌され、糖分をグリコーゲンに変えて肝臓や筋肉に吸収させて、血糖値を下げます。ところが、血糖値が急激に上がりすぎると、インスリンが足らなくなり、残った糖分が脂肪に変わってしまうのです。

ですから、**糖質の多い食事ばかりを摂っていると、脂肪が増え、体重増加を招いてしまいます。**

じつはかくいう私も、コロナ禍で太った理由は、まさにこの「早い！うまい！」が大きな原因でした。診察の合間にウーバーイーツを頼み、診察が終わった瞬間に届いた弁当をむさぼり食べるような生活でした。

以前は、出前といえば寿司、ラーメン、ピザが相場でしたが、ウーバーイーツや出前館のおかげで、いろんな種類のレストランや飲食店の料理が気軽に自宅でも食べられるようになりました。

最近では健康志向のメニューを売りにしているお店も増えているとはいえ、サイトで飲食店のメニューを見てみると、ボリュームでお得感を出すために、主食の炭水化物が多めの盛り付け。成人男性でも分量が多いと感じます。その上、満腹感を得やすいよう脂質の多い内容になっていることがほとんどです。

また値段がお手頃なファミレスなども、若い人に合わせた濃い味付けが多く、糖質や脂質が高め。濃い味付けや脂っこい食事は食欲を刺激して、白いご飯も進みます。

さらに、丼物や弁当は手元に置いて食べるため、料理との物理的距離も近くなります。おかずとごはんが一緒に片手で持てるので、食べるスピードがさらに加速してしまいます。その結果、私の体重増加も加速して、人生最大体重に迫る１２３kgを記録してしまったのです。

出前やファストフードなど「早い！うまい！安い！」の外食や中食は、とても便利なサービスですが、食事量や食べ方、頻度を調節して、賢く利用しましょう。

糖質制限ダイエットは100%リバウンドする

糖質オフが痩せにくい体質に変える

炭水化物が多く含まれているごはんやパン、麺といった主食を抜く糖質制限ダイエットが大ブームとなりました。スーパーやコンビニにでも、「糖質オフ」「糖質ゼロ」「糖質カット」「低糖質」と書かれた食品や飲み物がずらりと並んでいます。

糖質を抜くと、どうして痩せるのでしょうか？

患者さんの話を聞いていると、「糖質制限＝カロリー制限」と勘違いしている方が、わりといらっしゃいます。「体重を減らしたい＝カロリー制限をすれば痩せる＝ごはんを食べない＝糖質制限」といった図式です。

痩せるか太るかどうかは、極論を言ってしまえば、「食べる量」と「消費される量」の差ですから、カロリー制限をすれば体重は落ちます。そして、普段の食事内容を見てみると、ご飯やパン、麺などの糖質が半分ぐらい含まれているので、主食を抜けば手っ取り早くカロリーが抑えられ、体重が落ちます。

しかし、これがリバウンドを引き起こす原因となっているのです。

そもそも糖質とは、脂質、タンパク質と並ぶ三大栄養素の１つです。脳や筋肉のエネルギー源となるもので、人間が生きていく上で欠かすことのできない栄養素です。自動車にたとえるとガソリン、燃料のようなものです。

糖質を摂った後、エネルギーとして使い切れなかった分は、グリコーゲンに変換されて肝臓や筋肉に貯蓄し、エネルギーが足りなくなると、このグリコーゲンが使われます。

糖質制限をすると、肝臓や筋肉内にあるグリコーゲンが枯渇するので、体は脂質やタンパク質をエネルギー源に使うようになります。すると、脂肪が燃焼されて痩せるという仕組みです。

「だったら脂肪を減らすために、糖質制限をしよう！」と思うかもしれません。しかし残念なことに、燃焼するのは脂質だけではありません。脂肪だけが燃焼されるとうれしいのですが、一緒になってタンパク質も同時に燃焼されてしまいます。

タンパク質は筋肉を作るために必要な栄養素です。タンパク質が減量すれば、筋力も低下します。筋肉が減れば、基礎代謝も減ってしまいます。

さらに、糖質を抑えた食生活を長期間続けていると、血糖値を下げるためのインスリンの分泌が減り、糖質に対する耐性（糖への対応力）が低下します。

インスリンの分泌が少なくなれば、糖質がグリコーゲンに変換されませんから、余った糖質は中性脂肪となってお腹のまわりに、まるで浮き輪のように蓄積されることになります。

筋力が低下して基礎代謝も下がっていますから、脂肪も燃焼しづらく、どんどん「使えないカラダ」になって、**今まで以上に太りやすくなります**。これが、糖質制限によるリバウンドの仕組みです。

テレビ番組などのダイエット企画で、1カ月で10kg、15kgと体重が減ったタレントさんが、気がついたらダイエット前より太っていたのは、こういう理由があったのです。

会食での遠慮食いが——《マイナス》5kgを遠ざける

NOと言うのを遠慮する日本人

コロナ禍でだいぶ外食の機会が減りましたが、会社の同僚や先輩、取引先の人と会食をしたり、プライベートでも趣味仲間やママ友、同窓生とのランチ会や飲み会など、なにかと人と食事する機会が多いものです。

そんな時、自分だけ食べなかったり、コーヒー1杯で済まそうなんてしたら、「空気が読めない人」と思われてしまいます。日本人は同調圧力に弱く、また、人と同じであるほうが安心感が得られるために、断ることができずに食べてしまいます。

以前、京都医療センターの栄養士の先生に肥満の相談をした時に、その先生に「遠慮食い」という言葉を教えてもらいました。「遠慮食い」と聞いて、食べることを遠慮することかと思ったら、**「他人に断るのを遠慮して食べてしまうこと」**と聞いて、なるほどなぁと納得したものです。

実際、職場の休憩室にも、おかき、キャンディー、チョコレートなどがたくさん置いてあり、「先生も1ついかがですか?」と勧められたり、「○○さんのお土産です」と渡されたり、「甘いものを食べて糖分補給して、疲れを取ってくださいね」なんて言われると、ダイエットをしているからと断ることができず、ついつい食べてしまいます。

だいたい、そういったお菓子は、糖分だけでなく脂質の量も多いものですから、結局、太ってしまいます。

私のクリニックに来る患者さんを見て感じるのは、「チョコとポテチ」の圧倒的な支持率です。体重過多の患者さんには、必ず「チョコポテチ禁止令」を出してしますが、若い女性から、ある程度年齢がいった方まで、チョコポテチが大好きです。

私は、家内と娘2人の女性に囲まれて過ごしていますが、つねに家にチョコポテチがある状態です。コンビニに行けば、チョコポテチのコーナーが充実していますから、ニーズがあるということです。

たまたま私の周りは女性が多いのですが、おそらく男性も仕事帰りにコンビニで缶ビールや缶チューハイと一緒にチョコポテチを買って帰る方も多いでしょう。

私は基本的にポテチを食べませんが、家族や職場など差し入れに買って帰ると喜ばれるので、ついつい買ってしまうこともしばしばです。ですから、「喜ぶ顔が見たい」と、人に食べものを勧めてしまう人の気持ちもよく分かります。だからこそ、他人から勧められた食べものを断るのは、非常に強い意志と勇気がいるのです。

そして「遠慮食い」の最たるケースは、恋人同士や新婚さんの「幸せ太り」かもしれません。カップルの相手から出された食事や、お土産で買ってきてくれた食べものは、他人以上に断れません。

なによりも一緒に食べる行為を共にすることで心が満たされます。すると幸福感が増し闘争心が減り、男性ホルモンであるテストステロンが減少します。テストステロンは、分量の男女差はありますが、男性、女性、性別を問わず分泌されるホルモンで、筋肉量を増やす作用があります。そのためテストステロンが欠乏すると筋肉も減って代謝が落ち、太りやすい体になります。

さらにデートや外食となると、ちょっといいものを食べたいという気持ちも働くので、おいしいものを食べ歩き、体重は増える一方です。**勇気を持って「ＮＯ」と言うか、一緒にダイエットを始めてみる**のもよいかもしれません。

エステ・高額ジムでやせるのは財布だけ

タイパを求めると挫折につながる

スマホで常にインターネットで情報にアクセスできる昨今、「情報過多時代」と言われています。

最近ではドラマやバラエティ番組なども倍速で見たり、受験生や大学生は、オンデマンド授業を倍速や、1・5倍速など早送りで視聴すると聞きます。

次から次へと情報を吸収していかないと、人から取り残されてしまうような怖さを感じる、一種の強迫神経症になっているのではないかなと思える部分もあります。

これまでは、払った金額に対して得られる効果であるコストパフォーマンス（費用対効果）が求められていましたが、特にZ世代と言われる若者層では、生活のあらゆる場面でタイパ（＝タイムパフォーマンス、時間対効果）を重視する傾向にあります。

そこで当然、ダイエットにもタイパを求め、1回でウエスト−《マイナス》10㎝といったエステに飛びついたり、2カ月で引き締まったムキムキボディになる高額ジムに魅力を感じてしまいます。

しかし、短期間で手に入れたスリムボディは、短期間しか持ちません。本来ダイエットというものは時間がかかるものです。

お正月太りや、飲み会や会食が続いたりして一気に増えた体重は、数日間食事を控えれば短期間で減らすことができますが、そのほとんどは水分が減っただけで、食事を元に戻せば体重も元に戻ります。

脂肪を燃焼しながらリバウンドもせずに体重を落とす場合は、1カ月で自分の体重の5％が上限です。例えば、60kgの人は３kg、80kgの人は４kgです。

1カ月で10kg痩せたいとタイパを求める人には、たったそれだけ？と思うかもしれませんが「継続は力なり」です。私の場合は１２３kgでしたので、スタート当初は1カ月５～６kg、後半は４～５kgのペースで落とし、51kgの減量を達成することができました。

また、「停滞期」という言葉を聞いたことがあると思いますが、ダイエットをスタートして最初の数週間から1カ月ぐらいは順調に体重が落ちていても、必ず停滞期といって体重が全く変わらない時期が訪れます。

人によって、この停滞期が2週間〜1カ月ほど続きます。これは、私たちの体に備わったホメオスタシス（恒常性）という機能のためです。食事量が減って飢餓状態だと感じると基礎代謝を減らしたり、少ない食事量でも栄養吸収を高めて、体重をキープさせようとします。

ここで、ほとんどの人がこの停滞期を乗り切ることができず、脱落をしてしまいます。しかし、この停滞期もダイエットを続け、体が「この食事量が正常である」と認識するようになれば、体は省エネモードを終了し、再び体重は減っていきます。この停滞期は、複数回訪れる場合もあります。

このようにダイエットを成功させるには時間がかかります。時間がかかってしまう以上、最初のやる気が続かなくなってきますし、多くの誘惑も出てきます。その誘惑に勝ち続けるのは至難のワザ。そこでダイエットに挫折する人が多いのです。

48kgという呪縛に囚われない

健康的で美しい体型をイメージしよう

私のクリニックでは妊婦さんへの体重コントロールの他、産後太り、やせすぎによる月経異常、更年期になってから体重が増えた方など、幅広い年代の女性にダイエット指導もしていますが、患者さんに理想体重を聞くと、かなりの割合で「48kgです」という答えが返ってきます。そこで最近は「48kgが理想でしょう？」と私から言うと、「どうして分かったんですか!?」と驚かれます。

日本人女性の平均身長は１５８㎝ですが、１５０㎝の人も１７０㎝の人もいます。20㎝以上の身長差があれば理想体重も異なります。しかし、「体重48kg」が理想の体型としてとして刷り込まれ、美のアイコンになっているのです。

そもそも日本人女性は、理想とする体重が低すぎる傾向にあります。

ＢＭＩ（ボディマスインデックス）という、体重と身長から算出する肥満度数を表す指数があります。計算式は、〈体重〈kg〉〉÷〈身長〈m〉〉の2乗ですが、自分の身長と体重を入れると自動的に計算してくれる無料サイトが、いくらでもあります。

このBMIは国際的に使われている指数で、WHO〈世界保健機構〉の基準では30以上を肥満としていますが、日本肥満学会では25以上が「肥満」、18・5以上25未満が「普通体重」、18・5未満を「低体重〈やせ〉」としています。

BMIが22の場合が、もっとも病気が少ないと言われる健康体重になります。

例えば、身長158㎝で50kgの場合は、BMIが20・03になります。48kgの場合では、BMIが19・23となります。しかし、健康体重のBMI22であるには、54・92kgが必要です。理想体重よりも約7kg重いことになります。

ところが、ほとんどの女性は健康体重では納得がいきません。「美容体重」や「シンデレラ体重」「モデル体重」を口に出します。これらの「〇〇体重」はメディアによる造語なので、医学的定義があるわけではありませんが、美容体重はBMI20、シンデレラ体重はBMI18、モデル体重はBMI17で計算されたりしています。

158㎝で換算すると、美容体重は49・9kg、シンデレラ体重は44・9kg、モデル体重は42・4kgになります。医者として適正範囲内と言えるのはBMI18・5を超えている美容体重までで、シンデレラ体重では健康が心配になりますし、モデル体重までいくと完全に痩せすぎです。

若いころ低体重の人は将来骨粗しょう症になりやすく、骨粗しょう症の予防のためにも運動と食生活を正して、若いうちに骨量を増やしておくことが大切なのです。

アイドルや女優さんが、時々ＳＮＳなどで体重を公開するので、それを目標にする人もいますが、テレビは横幅が広がって見えるので、必要以上に痩せていないと太って見えます。そのため、芸能人と同じ身長だからといって、同じ体重を目指すと、体重が異常に少ない状況になります。そして骨もスカスカになってしまいます。

そこで私は、**ダイエットをしたい患者さんには、ＢＭＩ18・５〜20を下限目標として定めるようにしています**。１５８㎝の患者さんであれば、45kgではＢＭＩが18・03になってしまい低すぎます。46kgであれば、18・43なので食生活や水分量で増減する範囲内なので、ギリギリ許容できる数字となります。

しかし、実際に美容体重をクリアしている人でも、「太っているので、もっと痩せたいんです。だって先生、お腹のお肉がこんなにつまめるんですよ」と悩みを打ち明ける患者さんがたくさんいます。いわゆる隠れ肥満です。

ＢＭＩは、体脂肪と体重が相関していないので、トレーニングや運動をせずにカロリー制限だけをして体重を落とすと筋肉の要素であるタンパク質の摂取も減り、脂肪の割合だけが増えて、ぶよぶよになります。

このように、ＢＭＩや体重の数字ばかりを目標にすると、細いのにお腹や二の腕はたぷたぷという、あまりうれしくない結果になりがちです。そこでハリウッド女優は常にトレーニングをして、出すところを出して、凹ませるところは凹ませて、メリハリのある体型を維持しています。

私はダイエットをしていた時、Netflixでアメリカの人気ドラマ『SUITS/スーツ』を見ていました。主人公はニューヨークの敏腕弁護士で、高級スーツを身にまとい、次々と難事件を解決します。プライベートでも運動を欠かさず、若い頃からボクシングやランニングをして、引き締まった体をしています。心身共に健康を保つ姿にひかれ、私も主人公のようにありたいと思い、そのおかげでダイエットを挫折することなく達成できたと思っています。

みなさんも、ぜひ健康的なイメージを持って、ゴール地点を定めましょう。

部屋が散らかっているのと肥満は同じ

標語を書いてモチベーションアップ！

「部屋の乱れは心の乱れ」とよく言われますが、部屋のきれいさと肥満は、わりと相関しがちです。この本を読んでいるみなさんの中にも、自分の部屋を思い浮かべてドキッとした方がいらっしゃるかもしれません。

掃除や洗濯、整理整頓といった日常的な家事は、意外とカロリーを消費します。体重計で有名なタニタのホームページに掲載されている消費カロリーの早見表によれば、体重60kgの人が掃除機を15分かけると消費カロリーは50kcal、洗車30分で60kcal、庭の草むしり30分で53kcalです。ちなみに、おにぎり1個分（１２０ｇ）のカロリーは約２００kcalです。

ですから、毎日こまめに掃除機をかけたりトイレ掃除や風呂掃除をしている人は、その時間、ソファに寝転がってスマホで動画を見ている人に比べて、確実に多くのカロリーを消費しています。

そこで私は、「部屋が散らかっているのも、いつまでもデブなのも自分たちがたるんでいるから」という標語を書いて、家のあちこちの壁に貼りました。そして、掃除をするにしても、なるべく「無駄な動き」をするようにしました。

じつは掃除1つにしても、私は「無駄な動きをするな」という家庭に育ちました。よく友人の家に招かれたりすると、食卓とキッチンを何往復もする人がいます。1〜2枚でも皿が空いたらシンクに下げて洗って拭いて食器棚にしまったり、空き缶が出ると、すぐにゴミ箱に捨てに行ったりします。

しかし、私の家庭では効率的に動き、なるべくロスがない生活が大事という教育を受けており、例えば、水を飲みに台所に行くときは必ず、「手元にある散らかっているゴミを持っていけ」と言われました。

そのため無駄な動きが多い人を見ると、「なんて効率が悪いのだろう。まとめてやればいいのに」と思っていましたが、よくよく思い出してみると、何度も無駄な動きをしている人ほどスリムな人が多かったような気がします。いっぽう、省エネタイプの一家の我が家は家族全員、太っていました（笑）。そこで、なるべく1回で物事を済ませないようにし、何かを取りに行くのを面倒くさいと思わないようにしました。

　とはいえ、50年来の効率重視の習慣をあらためるのは、一朝一夕ではいきません。そこで「標語」を利用したのです。

　自己啓発本などでも有名なハーバード大学の調査結果がありますが、卒業時に目標と具体的な計画を設定し紙に書いている人は３％、目標は設定しているが紙に書いていない人は13％、特に目標を設定していない人は84％でした。

　10年後、追跡調査をしたところ、紙に目標と計画を書いていた３％の卒業生は、紙に書いていない13％の卒業生の２倍の年収でした。ちなみに、３％の卒業生は、残りの97％の卒業生の10倍の収入でした。

　「ダイエットのために○○をする」と思っていても、日々の生活の中で忘れたり意志がゆらぐものです。そこで一念発起したら、**ダイエットの目標やくじけそうになるときに奮い立たせる標語を紙に書いて張り出して、常に目につくようにしましょう。**

ストレスゼロで楽しく続けるダイエットがあった

ダイエットはその場しのぎではなく一生続く

　これまでみなさんに、なぜダイエットを失敗してしまうかお話をしてきましたが、じつは私もダイエット難民の1人でした。これまで数々のダイエットをしては失敗の繰り返し。15年以上前にベストセラーになった岡田斗司夫さんの『いつまでもデブと思うなよ』で紹介していたレコーディングダイエットも続きませんでした。

　朝昼晩と食べたものを記録するだけのダイエット方ですが、頑張って2～3カ月ほど実践し、確かに体重は落ちたのですが、だんだんと書き出すのが面倒になり、続けるのがストレスになって、「もう、いいや」と思ってやめた途端、再び体重が戻ってしまいました。

　もちろん自分の食生活の傾向を知るのは、とてもよいことです。毎日、どんなものをどれくらい食べているかを書き出すことで、野菜不足、揚げ物が多い、ビールの飲み過ぎ、お菓子の食べ過ぎなど、太っている原因を自覚できます。

また私の場合は、栄養バランスやカロリーなどもざっと計算していたので、だんだんメニューを見るだけで、カロリー計算ができるようになったので、わざわざ記録しなくても大丈夫かなとラクなほうに流れ、そのうちカロリー計算もせず食べるようになって、リバウンドをしてしまったのです。

自重トレーニングも挫折しました。「自重トレーニング」は、マシンなどの機械を使わず、自分の体重だけを利用してトレーニングすることです。ジムに行く必要もなく、ダンベルなども購入しなくてよいので手軽に始められますが、自分に適正な負荷をかけることができません。

例えば、腕立て伏せの場合は体重の６割程度の負荷がかかります。１００kgの人の場合は60kgの負荷なので、当時の私のような筋力もない筋トレ初心者デブには、かなりキツい負荷となります。

筋トレはキツくないと筋肉が育たないので、ある程度キツい必要がありますが、負荷を少しずつ上げず、いきなりキツいトレーニングは腰を痛めてしまいます。

ファスティング（断食）は、もっとダメでした。きちんとしたファスティングの指導者の下で行えばよかったのですが、よくある健康情報番組や健康雑誌などで聞きかじった情報で2日間断食をして一時的に体重は落ちましたが、48時間というゴールを切った瞬間にドカ食いをして、あっというまに元の体重に。

ファスティングにも様々な種類や方法がありますが、その人のもともとの食事量、日常生活での運動量などを考えながら適切に行わなければ、健康を損ねたり簡単にリバウンドしてしまいます。

他にも数多くの方法を試しましたが、結局失敗してしまうのは、一時的に体重を減らすことができても、それを続けるのが辛くて挫折してしまっていたのです。

しかし、そんな私でも、ストレスゼロで、唯一、楽しく続けられるダイエットがありました。

それが**「おさんぽダイエット」**だったのです。

第２章

今日から「おさんぽ」をはじめなさい！

おさんぽなら子どもでもお年寄りでもできる

トレーニング場が家を出た瞬間に出現

テレビをつけると、毎日のように「おさんぽ番組」が放送されています。
ＮＨＫ「ブラタモリ」や日本テレビ「ぶらり途中下車の旅」、テレビ東京「モヤモヤさまぁ～ず２」などは相変わらずの人気ですが、高田純次の「じゅん散歩」や有吉弘行の「有吉くんの正直さんぽ」、三田村邦彦の「おとな旅あるき旅」や、視聴者の目線で旅をするＮＨＫＢＳ「世界ふれあい街歩き」など、枚挙に暇がありません。

タレントさんが食べ歩きをしたり、名所巡りをする散歩番組は、作り手にとってはコスパ最強です。ロケなのでスタジオにセットを組む必要もなく、観客も集める必要はありません。視聴者側からしても、風景がどんどん変わっていくので、見ていて飽きません。

しかし、ただテレビをつけて「おさんぽ番組」を見て楽しんでいるだけでは、もったいないです。ぜひとも、みなさん自身も「おさんぽ」をすることをお勧めします。なぜなら、

「おさんぽ」はもっとも手軽な運動不足解消法であり、コスパ最強のダイエット方法だからです。

運動には、「有酸素運動」と「無酸素運動」の２つの種類があります。これは、呼吸をして運動する、呼吸を止めて運動するということではありません。

私たちの体には、ＡＴＰ（アデノシン三リン酸）というエネルギーの元があり、ＡＴＰを分解することでエネルギーを生み出しています。

エネルギー源であるＡＴＰを生産したり分解してエネルギーにする方法はいくつかありますが、酸素を利用し、体内にある脂肪をメインに燃焼してエネルギーにする方法と、筋肉中に蓄えられたＡＴＰやグリコーゲン（糖分）をエネルギーにする方法があります。

「有酸素運動」とは、前者の酸素を利用したエネルギーを使う運動で、水泳、ジョギング、ウォーキング、サイクリングなど負荷が軽く長時間続けられる運動となります。そして「無酸素運動」は酸素を使わずに生み出したエネルギーを使う運動で、短距離走、筋トレなど瞬間的に筋肉に負荷がかかる運動です。

体重を減らすのに適しているのは、脂肪をメインに燃焼させる有酸素運動ですが、その中でも手軽に始められるのが、おさんぽです。

食前にするおさんぽは、体重を減らすダイエット向き。食後にするおさんぽは、摂った栄養素をためこまないよう、体重増加を予防するのに向いています。

ちなみに、ウォーキングもおさんぽと似ていますが、ウォーキングをする場合は時速7㎞程度が目安と言われています。これはイタリアの生理学者が提唱した速度で、走り出す直前ぐらいの速さになります。

一般的に普通の人が歩く速度は時速4㎞程度。年齢や性別によっても差があり、20代30代の男性では時速5㎞台ですが、50代以上の女性となると、時速4㎞より遅くなり、70代以上となると時速3㎞台前半に近づいていきます。

私が提唱している「おさんぽダイエット」は、周りの景色を楽しみながらも、自分がいつも歩く速さよりも、少しだけ速く歩く「おさんぽ」です。私は1㎞を12～13分で歩いています。

当然、速度が速くなるほど消費カロリーも多くなりますし、ウォーキングやジョギングもダイエットに効果的な有酸素運動ですが、体重が重い人や筋力がない人がいきなり早歩きをしたり走ったりすると、膝や腰に負担がかかってしまいます。

私は、太る前はフルマラソンを６回完走した経験もある市民ランナーですが、シューズ選びを間違えてしまうと、靴ズレを起こしたり、正しい走り方ができないと、膝や腰の故障をまねきます。

しかし、おさんぽの場合、正しい姿勢や脂肪燃焼効率のよい歩き方というのはありますが、間違った歩き方というのはありません。また、膝への負荷もマラソンほどかかりません。老若男女を問わず、誰でも気軽にできるのがおさんぽの魅力なのです。

まさにおさんぽは、ジムに入会したりする必要もなく、動きやすい服装と運動靴があれば、今すぐに始められる有酸素運動。**靴を履いて家を出た瞬間から、トレーニング場が出現する**ようなものなのです。

おさんぽは最高の「ながら有酸素運動」

マルチタスクで人生が3倍に

私もさまざまなダイエット方法を試してきましたが、ダイエットが長続きしないのは、つらい、飽きる、時間がない……といったことが原因でした。

しかし、おさんぽダイエットを1年間続けることができたのは、**「ながら有酸素運動」**ができるということが大きな理由の1つです。

医師の仕事は、毎日の診察以外にも最新の医学知識をアップデートするため、休診日には学会に行ったり研修会に参加したり何かと忙しく、ついついそれをダイエットが続かない言い訳にしていました。

ところがコロナ禍になり、リアルな学会が一切なくなってオンライン配信に切り替わりました。リアルタイムで聞くことができなくても、一定期間はパスワードを入力すれば学会を視聴できるシステムになったのです。

そこで、おさんぽをする時に、スマホで学会の講演会や研修会の音声を聞くことにしました。本来であれば資料なども映し出されるのでスマホで画面を見たほうがよいのですが、さすがに歩きながらスマホを見るのは危ないので、試しに音声だけにしてみたところ、以外と聞くだけでも知識になることが分かりました。

また学会では海外の先生が日本に招き、講演をすることもあります。そこで英語学習を兼ねて、海外の先生の招請講演も聴くようにしました。慣れてくると倍速で聞けるようになり、おさんぽ時間で、ダイエットをしながら医学知識を手に入れて、さらに英語も学べてしまうという、欲張りマルチタスクです。

医学英語は専門用語が多いのですが、分野が限られているので範囲を絞って勉強しやすいのと、ヨーロッパやアジア出身の医師はネイティブでないので英語が分かりやすく、ＴＯＥＩＣの試験や海外ドラマや映画のほうが、むしろ言い回しが難しかったり、聞き取れなかったりします。

ちなみに有酸素運動は脳の活性化をうながすので、運動しながら勉強をすると、記憶力がアップするという研究もあります。資格勉強などでダイエットの時間が取れないという人こそ、勉強＋運動のマルチタスクがおすすめです。

もちろん「勉強をしながらおさんぽをするのは憂鬱」と思う人もいるでしょう。そんな方は、好きな音楽を聴くのもよいですね。私自身も、おさんぽを始めたころは、音楽を聴きながら歩いていました。

また、最近ではＶｏｉｃｙという、インターネットで音声コンテンツをサービスするものの利用し、番組をスマホにダウンロードして聴いています。1番組10分や20分といった長さで、いろんな有識者が番組を配信しているので、おさんぽ中も楽しく、4～5番組再生するころには家についています。

みなさんも自分が好きなジャンルや、「推しメン」関係の番組をピックアップしてプレイリストを作っておくといいでしょう。時間を有効活用できるだけでなく、なによりも自分の興味のある話や、好きな人の声を聞きながら歩くので、ダイエットのモチベーションにもなって、楽しく長続きすることができますよ。

20分以上歩くおさんぽコースを設計せよ

コース設計もダイエットのうち

「有酸素運動は、20分以上続けないと脂肪が燃えない」とよく言われます。しかし、厳密に言うと間違いで、最初から脂肪は燃焼されています。

運動直後は体に貯められているグリコーゲン（糖分）が優先的に使われ、それが枯渇すると脂肪の燃焼が効率よく始まるため、20分以上の運動が推奨されています。

そこで効果的にダイエットをするなら、まずは20分以上のコース設計をすることから始めましょう。一般的な場合、歩く速さは時速4㎞なので、距離でいうと1㎞ちょっとが目安です。

話は少し逸れますが、私は子どものころ、よく親に「やみくもに勉強するのではなく、まず計画を立てなさい」と言われました。そして、「今日はどこまでやるかをメモに書き、達成したらハンコを1つずつ押していきなさい」と教えられました。

もちろん達成できない日もありましたが、計画通りに進まなかった場合は、再び計画を立て直せばいいのです。そうやって、親の言いつけをある程度守ってきたので、なんとか医者になれたのかなと思っています（笑）。

ダイエットも勉強と同じです。「やみくもに歩くのではなく、まずはコース設計を立てること」が大切です。

そして、ここで重要なのは、**コース設計を複数作る**ということです。1日何十㎞も歩けば当然体重は減りますが、仕事が忙しい日があったり、疲れ度合いも違うので、毎日同じ距離を歩けるとは限りません。また、おさんぽは天候にも左右されます。

「雨が降ってきたから、ショートカットして帰ろう」という日や、「今日は時間もあるし、気分が乗っているから20㎞歩けそう」という日がありますが、やみくもに歩いていると、自分が何㎞歩いたか分からなくなってしまいます。

そこでコース設計のバリエーションをたくさん作っておけば、「今日は時間がないので3㎞のコースにしよう」とか、「10㎞歩けると思っていたけど、疲れてきたのでショートカットして8㎞のコースに変更しよう」など、途中で計画を変更することもできます。

コース設計をする時は、遊歩道や公園の外周など、㎞数が書いてあるものを目安にしたり、Googleマップでも距離を測定することができます。川沿いの土手を歩いて1番目の橋で折り返すと何㎞、橋を渡って大回りをすると何㎞というように、マップ上で測っておくといいでしょう。

また、自分でコースを考えるのが面倒な人は、「Trail Router」というアプリ（ウェブサイトでも利用可能）なら、５㎞や10㎞、もしくは任意の距離を選択すると、いくつかモデルコースが示されるので、それらをストックしておくのもおすすめです。頭の中にコースがいくつか入っていれば、その日の調子に合わせて歩くことができます。

「おさんぽ」というと、全行程を歩かないといけないと思っているかもしれませんが、そんなことはありません。歩けるところまで歩いて帰りはバスや電車に乗ったり、おさんぽをする場所まで自転車で行くというのもＯＫです。

京都には「京都一周トレイル」という、森林や清流など京都の自然を満喫できるハイキングコースがあります。全長83・３㎞ですが、鉄道の駅やバス停などを起点にさらに細かくコースが区切られているので、今日はここからここまで、次回はその続きというようにコースを少しずつ制覇していくこともできます。

また、おさんぽコースは平坦である必要はありません。人間の骨格上、登りの傾斜がついているほうが足に負担が少なくなります。

これは単純に、足を上げておろしたときに、登りのほうが速く足を着地できるからです。急すぎると、今度は体を持ち上げないといけないので逆にキツくなりますが、だいたい3度ぐらいの勾配が一番歩きやすいため、私はジムに行く時は、ルームランナーの傾斜を3度に設定しています。

ちょうどよい傾斜がある坂道を探すのは難しいですが、私がおさんぽコースに利用していた伏見稲荷は、鳥居から山門に行く時に傾斜がついていました。フラットの道を歩いて神社にたどりつき、最後に鳥居から山門へ向かうと、ゆるやかな登り坂で心拍数が上がるので、脳が、気分が高揚したと認識し、ワクワクしてきます。

じつはディズニーランドの入り口が登り坂になっているのも、ワクワクする仕掛けの1つと聞いたことがあります。

山門の場合は、帰りは下り坂になりますが、公共交通機関や自転車などを利用したコースの場合は、ところどころに上り坂を設定すると、モチベーションアップにもつながります。

おさんぽ前のストレッチで燃焼量UP

準備不足は非効率的

靴を履いて玄関を開け、一歩目から運動ができる「おさんぽ」ですが、ぜひともおさんぽ前にしていただきたいのが**ストレッチ**です。運動前にストレッチをすることで体が温まり、エネルギー代謝が高まります。

特に体重の重い人や、運動をまったくしていなかった人が急に歩き始めると、筋肉や関節を痛めてしまうこともあるので、ケガの予防にもなります。

実際、私がおさんぽを始めた当初は１２３kgで、ただでさえ関節に負担がかかっている状態でした。しかも、とにかく早く体重を落としたい一心で、ストレッチもせずにいきなり歩いていたのですが、そのうち膝が悲鳴を上げ出しました。たまたま季節的に、どんどん気温が下がっていく秋冬だったせいもあるでしょう。

朝起きて、2階の寝室から階段を下りようとすると膝がガチガチに硬い感じがして、全然動いてくれません。両手で手すりを持って体を支え、足をかばうようにして下り、ようやくリビングにたどりつくというのを繰り返していました。

さすがにこの状態を続けていたらマズいと思い、ストレッチ専門店のDr.stretchに駆け込み、関節の動きをよくするストレッチを相談して、いろいろ指導を受けました。

それ以来、おさんぽをする前に、膝の屈伸、伸脚といった下半身のストレッチと、前屈、後屈、そして片方の腕を胸の前で伸ばし、反対の腕で胸に引き寄せて肩や上腕筋を伸ばすアームプル（言葉は耳慣れないですが、みなさんも見たことがあるストレッチです）をしています。時間にして1～2分程度です。

「おさんぽ」は足だけ動かしているのではなく、全身を使って歩いています。ストレッチをすることで、手足の関節の可動域が広がれば、もも上げや腕振りなどの動きも大きくなり、歩幅も広くなって燃焼量もアップします。つまり、より効率的な「おさんぽ」ができるのです。

歩く時は、背筋を伸ばして、あごを引き歩幅を大きく、腕をしっかり振って歩きます。歳を取ってくると筋肉が落ちて猫背になりやすいので、特に気をつけましょう。

しかも猫背は、見た目の印象にも大きく関わってきます。よく駅前などに証明写真ボックスがありますが、現像された写真を見て、「自分はこんな不細工な顔をしていたのか」と、あまりの映りの悪さに残念に思ったことはありませんか？

その原因は、あなたの顔が悪いのではなく姿勢が悪いからに他なりません。背筋を伸ばし、首を伸ばして、上半身を腰から少し前傾させると非常に映りがよくなります。

毎日、おさんぽをしていると、意外と多くのご近所さんとすれ違います。名前は知らなくても、同じようにおさんぽをしている顔見知りがどんどん増えていきます。姿勢がよければ、ハツラツとした好印象を与えるので対人関係もよくなります。

おさんぽから帰ってきたら、簡単なクールダウンをしましょう。内容は準備運動と同じで構いません。これを行うことで翌日以降に疲れを残しづらくします。

さらに私の場合は猫背改善のために、さらにストレッチポールを背中にあててゴロゴロとほぐしていました。背筋を伸ばすだけで「おさんぽ」効果もアップするので、準備運動と合わせて、ぜひ取り入れてみてください。

「ドローイン呼吸×階段上り」で「お腹やせ」できる

流行りのハイブリッドで体幹をトレーニング

「1粒で2度おいしい」というわけではりませんが、最近は1つのものにいくつもの機能を持たせることが流行っています。ガソリンと電気の両方をエンジンとするハイブリッド車もそうですが、スマホに財布機能を持たせたりしています。

古くは、モップとスリッパを合わせたモップスリッパなどもありますが、せっかく「おさんぽ」をするなら、よりお得にダイエットをしたいものです。

そこでおすすめしたいのが、呼吸法や簡単な筋トレを組み合わせ、体幹をトレーニングしてしまう**ハイブリッドおさんぽ**です。

まずは呼吸法です。呼吸法には胸式呼吸と腹式呼吸があります。

胸式呼吸は、肋骨のまわりにある肋間筋を上げ下げして肺を横に広げて呼吸をする方法で、ほとんどの人が日常、無意識で行っている呼吸方法です。特に女性は胸式呼吸の人が多いと言われています。

いっぽう腹式呼吸は横隔膜を下げて肺に空気を入れる呼吸方法で、意識をしないとできません。

おさんぽの時にしてほしいのは、なんといっても腹式呼吸です。腹式呼吸は胸式呼吸に比べて3〜4倍の空気を取り入れることができます。歌を歌う時や、ヨガ、瞑想をする時などによく行なう呼吸法です。


腹式呼吸をするには、まず口から息を吐き出して、お腹をぺたんこにさせます。次に鼻から息をゆっくりと吸って、お腹を膨らませます。そして再び口から息を吐き出します。きちんとお腹を膨らませたり凹ませたりして腹式呼吸ができるようになったら、鼻から息を吐いてもかまいません。例えばヨガの場合は、鼻から吐いて鼻から吸うタイプの腹式呼吸をしています。

ジョギングやランニングの場合は、「フッフッ、ハッハッ」と2歩ずつ息を吸って息を吐くリズムが一般的ですが、おさんぽの場合は、４歩ずつのリズムで呼吸を行うとよいでしょう。

腹式呼吸をする時に腹筋を意識するようにすると、お腹周りも同時に鍛えられて、ウエストの引き締め効果が得られます。だいだい1kg減量するごとに1㎝ウエストが引き締まります。私は126㎝のズボンをはいていましたが、最初の1カ月で6・7kg落ち、ウエストも6・7㎝減りました。現在では76㎝のズボンをはいています。

さらに効果的にウエストを絞る方法として、「階段上り」もおすすめです。腹式呼吸をしながら、お腹に軽く力を入れて、常に腹筋を緊張させて階段を上ります。

これは、おさんぽ時に限らず、通勤時の駅などでも実践することができます。私は、職場、ショッピングセンターなどの階段も、4階までは階段を使うと決めていました。なぜ4階までかというと、建物の階段は急なので長時間の上り下りは足腰に負担がかかりすぎてしまうからです。

例えば、私がおさんぽで毎日通っていた伏見稲荷など神社の階段は段差が少ないところもあるので、段差の少ない階段を選ぶのがおすすめです。階段を上がる時には、大臀筋・中臀筋・ハムストリングが鍛えられ、階段を下る時には、ももの前の部分の中臀筋・大腿四頭筋が鍛え、体幹を鍛えることもできます。

他にも信号待ちや、踏切で電車の通過待ちをしている時なども、停止するのではなく、その場で足踏みをしたり、もも上げをしたり、スクワットをするといいですね。

最近では、犬と一緒にさんぽをする「ドッグウォーキング」も人気です。愛犬がいると、さんぽの習慣がつきやすいので犬を飼うのもおすすめですが、犬は匂いを嗅いだり排泄などでよく立ち止まります。犬を待っている間も、スクワットなどをして時間の有効活用をしたいものです。

とはいえ、なかなか恥ずかしいものがあります。そこで私が提唱するのは、10㎝ぐらいなんとなく下がって、なんとなく上がる**「ステルス（こっそり行う）スクワット」**です。さんぽの途中でちょっと腕回しや腰回しをするような感覚で行うと、周囲の人に気づかれません。

私はよくクリニックで、手術前に患者さんの麻酔が効くまでの待ち時間に、壁のほうに行って腹式呼吸をしながら、ももに力を入れて軽い上下を繰り返しています。動きとしては小さいですが、これだけでもけっこういい運動になりますし、腹式呼吸で心も落ち着き手術前の精神集中ができるので、まさに一石二鳥です。

下半身筋肉群を鍛えるから代謝が上がる

老化による転倒の怪我防止にもなる！

若い女性に多いのが、「自転車をこいだり階段を上がったり下りたりすると、足が太くなるので嫌」という人です。「ほっそりした足＝美しい」という価値観は、ものすごく日本人的な考えだなと思います。

最近はジムに通って鍛える女性も増えてきましたが、出るところは出て、凹むところは凹むというコントラストがシルエットのよさにもつながり、同時に健康的な美を得られます。そもそも普通の女性がちょっと自転車をこいだり階段の上り下りをしただけで、いきなり競輪選手のような太ももにはならないので、安心してください。

むしろ下半身を鍛えることは代謝を上げることに繋がり、やせやすくなるという効果があります。

有酸素運動は脂肪を燃焼させてエネルギーに変えていますが、脂肪だけではなく同時に筋肉も燃焼してエネルギーを生み出します。そのため、大きい筋肉を燃やすことで効率よく代謝を上げることができます。

大きい筋肉は下半身に集中しており、太ももの前面の大腿四頭筋群、お尻の筋肉の殿筋群（大臀筋、中臀筋、小臀筋）、内ももの筋肉の内転筋群やふくらはぎなど、人間の60～70％の筋肉は下半身にあると言われています。

さらに筋力をつけて下半身を安定することで、将来的に老化による転倒防止やケガ予防にもつながります。

骨折と骨密度の関係はご存じだと思いますが、骨密度は男女とも30歳ぐらいをピークにして少しずつ減っていきます。特に女性は年齢とともに卵巣機能が低下し、女性ホルモンであるエストロゲンの分泌量が減ってきます。エストロゲンは骨を丈夫に維持する働きがあるため、閉経とともにエストロゲンの分泌が激減すると、ガクンと骨密度が落ちます。

女性の場合は72歳前後、男性は80歳前後で骨粗しょう症のリスクが出てきます。グラフを見ると30歳をピークになだらかに下がり始め、とくに50歳を超えるとまるでウォータースライダーで骨訴しょう症危険ゾーンのプールに飛び込んでいくような恐ろしさです。もちろん男性も骨密度が低下しますが、もともとのピークの最大骨量が高いのと女性のような閉経による激減がないため、骨粗しょう症のリスクは女性のほうが早い段階で訪れます。

現代人の寿命が延び「人生100年時代」と言われて久しいですが、現在50歳の人の平均余命が50年を越え、**110年時代**が近づいています。しかしながら閉経の平均年齢は50からあまり変わっていません。今まで以上に骨折する人が増えて危機的な状況になるのは、容易に予測できます。

特に、骨粗しょう症の高齢者が転倒などでなりやすい大腿骨頸部骨折（脚の付け根の骨折）は、立つころができなくなるので、骨折をきっかけに寝たきりとなる人も多く、能動的な動きができないので、テレビを見るくらいしかやることがありません。上げ膳据え膳の受動的な生活になると、どんどん認知症も進んでいきます。

また骨粗しょう症のリスクを上げる要因として、当然、肥満も上げられます。「更年期で太った」という女性が多いのにも理由があります。女性は卵巣機能が少しずつ衰え、50前後で閉経を迎えますが、女性ホルモンの1つであるエストロゲンの分泌量は、45歳ぐらいから急激に減っていきます。そして、このエストロゲンの材料になるのはコテステロールです。

コレステロールは食事によって口から摂取し体に吸収され、血液中を流れて蓄積されます。その蓄積されたものを酵素の力を借りて女性ホルモンを作ります。この工場となるのが卵巣です。

閉経で工場の機能が停止すれば、エストロゲンが産物されないので、当然、原料であるコレステロールは溜まっていきます。まずは肝臓に溜まって内臓脂肪となり、それがあふれ出すと皮下脂肪になります。

またエストロゲンが減少するとレプチン（抗肥満ホルモン）の分泌も抑えられ満腹感を感じにくくなってきます。当然、食べ過ぎから肥満へとつながります。骨密度が低下し骨が細くなったところに体重がついてくれれば、骨折のリスクが高まります。

ですから、なおさら体重を増やさないようにすることが大切です。

しかし、もし運動をせずにカロリー制限だけでダイエットをすると、食事量が減るのでカルシウムやビタミンDの摂取量が当然少なくなります。カルシウムは骨の材料になる栄養素、ビタミンDはカルシウムの吸収を助ける栄養素です。そのため骨密度が低下してしまいますから、ますます骨粗しょう症へ一直線となってしまいます。

このように元気な老後を迎えるためにも、下半身を鍛えることが重要なのです。

日光は骨の重要な栄養源

紫外線は「悪」ではない

私が若いころは、男性も女性も日焼けサロンに通って、焼けた肌がカッコイイという時代もありましたが、今の時代は、とにかく美白命です。化粧品のCMでも「この夏は焼かない」といったコピーをよく聞きます。

日焼け止めはもちろんUVカットの化粧品、サングラスにつばの広い帽子、真夏なのに肩まである手袋に日傘。昔は農作業のときやゴルフ場のキャディさんぐらいしかつけていなかった首まで隠れるようなUVカットマスクをしている人を街中でよく見るようにもなりました。

皮膚にくすみができたりするのは、美容上あまり好ましくない気持ちは分かります。ただ、くすみの原因が紫外線だけかというと、そうでもない場合もあります。美容外科の先生によれば、化粧品の成分や品質によっては、化粧品そのものがシミを生み出していると言います。

ケミカルアタックと言いますが、洗い残した化学物質が皮膚の毛根の奥に入り、そこに紫外線が当たることで化学反応が起きて、シミなどを引き起こすというのです。紫外線だけが悪者というわけではありません。

骨の原料はカルシウムであるのは、みなさんご存じだと思いますが、そのカルシウムの吸収を助けるのがビタミンＤです。ですから、骨を丈夫にするためにもビタミンＤは絶対に欠かせない栄養素です。このビタミンＤは、食べものから摂取するだけでなく、日光に当たることで体内でビタミンＤを生成することもできます。

食事からでは摂取できるビタミンＤの量が限られるので、毎日、日光浴をすることが大切です。もちろん紫外線は皮膚ガンや白内障の原因となるので、浴びすぎは禁物ですが、１００％ブロックをしないようにしましょう。

日光浴をする場合は、直射日光である必要はありません。木陰で日光浴もいいですし、日傘を差すなどして間接光でも大丈夫です。全身を露出しなくても、手の甲や膝下など、体の一部分でも日光に当たっていればかまいません。室内の窓際なども、日が当たっていいますが、UVカットガラスを採用した建物も増えているので、必ず外で浴びることが大切です。夏は15分~20分、冬は30分程度が目安です。

つまり毎日のおさんぽ習慣は、ビタミンDの生成にももってこいです。夜におさんぽをする人もいますが、ぜひ日が出ている時間帯におさんぽをしたいものです。

「日光を浴びるだけなら歩かなくても、家のベランダに座って日光浴をするだけでもいいの?」と思う人もいるかもしれません。しかし、おさんぽによって、足裏へ歩行の刺激が加わることで、骨密度を上げることにも役立っています。

かかとに刺激がかかると、骨ホルモン(オステオカルシンなど)を分泌する骨芽細胞が活性化されます。カロリー消費をするなら水泳などもおすすめですが、水中では刺激がないので骨密度を上げるという意味では、おさんぽには劣ります。

整形外科や接骨院などで使われている「パワープレート」という機械があります。床が振動し足の裏に刺激を入れて歩行と同じような効果を得ようとするものです。

私のクリニックでも、歩けない人や腰痛持ち、膝が悪い人には週1回、パワープレートでおさんぽの代用をしてもらっていますが、体調が許す限り、積極的に外を歩きましょう!

第3章

おさんぽ前には
おにぎりを食べよう

じつは「炭水化物不足」がやせない原因だった

PFCバランスを意識しよう

日本は「飽食の時代」と言われフードロスが問題になっていますが、そもそも人類は長い間、飢餓と闘ってきました。

その証拠に、人間は血糖値を上げるホルモンは、成長ホルモン・副腎皮質ホルモン・副腎髄質ホルモン・甲状腺ホルモン・グルカゴン・ソマトスタチンなどたくさんありますが、血糖値を下げるホルモンはインスリンの1つのみです。

血糖値は悪者扱いされますが、糖は人間の貴重なエネルギー源です。血糖値が必要以上に下がって低血糖となると、けいれんや昏睡、意識障害などを引き起こし、時として死をもたらすこともあります。生命を維持するために、糖は必要不可欠の栄養素です。そこで太古の昔から人類は、少ない食事量でも効果的に血糖値を上げて糖をエネルギーに変えていく必要がありました。

ところが糖質オフダイエットがマスコミでも取り上げられ、一気に市民権を得ました。しかし、糖質制限ダイエットが失敗する理由は、22ページでお話をした通りです。

特に若い女性は、糖質を食べないという極端な選択を取りがちです。しかも、その代わりに肉や魚などのタンパク質をしっかり取るかといえば、そうでもなく、かろうじて朝食にヨーグルトを食べて、昼夜サラダという選択をしがちです。

タンパク質は筋肉や骨、血などの材料になる栄養素です。老後の骨粗しょう症を防ぐには、いかに10代20代で骨密度を上げておくかが重要になっていますが、これでは完全に栄養不足。骨までやせてしまいます。

そこでダイエット中であっても、三大栄養素である糖質、脂質、タンパク質をバランスよく摂ることが大切です。「ＰＦＣバランス」という言葉を聞いたことがある人もいるかもしれません。この言葉は、Ｐ＝Protein（タンパク質）、Ｆ＝Fat（脂質）、Ｃ＝Carbohydrate（炭水化物）の頭文字を取ったものです。

厚生労働省でも、生活習慣病予防の一環として、摂取カロリーに含まれるＰＦＣの割合の指標を発表しており、タンパク質＝13～20％、脂質＝20～30％、炭水化物＝50～65％と、約半分を糖質で占められています。

タンパク質の推奨量は、18～64歳の男性は一日65g、65歳以上の男性は60g、18歳以上の女性は一日50gです。炭水化物は、1日の摂取カロリーが2000kcalの場合は、1000～1300kcalになるので、1日250g～325gが目安となります。

また糖質制限ダイエットとして知られているケトジェニックダイエットの場合でも、タンパク質：脂質：糖質＝3：6：1として、糖質は必ず摂るようにしています。

ケトジェニックダイエットは、ケトン体（脂肪酸から作られるもの）をエネルギー源とするものです。エネルギーは糖質から優先的に作られるため、タンパク質をしっかりと摂った上で炭水化物の割合を減らし、脂質を摂る割合を多くしています。

PFCバランスは毎日朝昼晩と厳密に計算する必要はありませんが、1週間程度自分の食生活を記録して、どのような傾向にあるかを知ることが大事です。過ぎたるは及ばざるがごとし。バランスを大切にしましょう。

おさんぽ前やおさんぽ中には〝スティック羊羹〟

糖質を摂ることで脂肪を燃焼しやすく

おさんぽをする時に、お腹が空いた状態で行うと、より脂肪が燃えるようなイメージがあります。しかし、これは誤解です。

そもそも、効率よく脂肪を燃焼するためには、糖質が必要です。運動を始めた直後は、グリコーゲン（糖分）が優先的に使われるため、糖が足りないと血糖値が低下して「低血糖」となり、貧血や転倒の危険があります。さらに、糖分がなくなると筋肉を分解してエネルギーを作るため筋力低下を起こします。

かといって、満腹状態でおさんぽをすると、いつまでも糖質が優先して使われるため、なかなか脂肪が燃焼されません。

そこで、**おさんぽの前に適量の糖質を摂ることで、効果的に脂肪を燃焼し筋力低下を防ぐことができます。**

私は、おさんぽ前や、おさんぽ中に小腹が空いた時に、〝スティック羊羹〟を1本食べています。羊羹は脂質が少なく手軽に糖質を補給することができるからです。

「スポーツ羊羹」「anpower（アンパワー）」「マラソンようかん」「エナジーようかん」「ひとくち煉羊羹」など、さまざまなメーカーから、運動時の栄養補給向けの羊羹が販売されています。

登山やロードバイクを趣味にしている人などが愛用していますが、スティック状の羊羹の場合は封も切りやすく、押すだけでピュッと食べられ、汁気なども垂れないので手がベトベトしません。一般的に市販されている羊羹のように、パッケージの内側の部分がベロッとめくれたりしないので、ゴミをポケットに入れても汚れません。

私が愛用している「スポーツ羊羹」は1本40g113kcalなので、歩く前に半分、歩いている途中に残りの半分を食べています。だいたい1時間ぐらい歩く場合は、これぐらいの糖分で十分です。おいしいからと言って食べ過ぎないようにしましょう。

これらの羊羹は、コンビニやスーパーなどではあまり見かけませんが、ネットショップなどで購入することができます。値段も1本100円以下がほとんどなので、ポイント割引やポイント交換などを活用してまとめ買いするのもおすすめです。もちろんスーパーなどで売っている羊羹でもかまいません。

また、羊羹以外にも饅頭や大福などでもかまいません。饅頭は周囲が小麦粉、大福は餅米なので、どちらも炭水化物が含まれ腹持ちがよいので、ダイエットを始めたばかりで、どうしてもお腹が空いてしまう人にはおすすめです。

運動前の補食として、おにぎりなどでもかまいませんが、おにぎりの場合は具によってはカロリーオーバーになってしまいます。定番のツナマヨなどは脂質も多いので、おさんぽ前にはおすすめできません。

また、おにぎりやパンのような炭水化物は、消化吸収して蓄えられるまでに2～3時間かかります。いっぽう、和菓子に使われている砂糖は20～30分でエネルギーに変わります。そういった点でも羊羹がおすすめです。

砂糖というと、血糖値の急上昇を心配される方もいるかもしれません。しかし、あずきは食物繊維が豊富で、食物繊維は血糖値の急上昇を抑える働きがあるので、適量であれば心配しすぎることはありません。

ぜひポケットに羊羹をしのばせて、おさんぽに行きましょう。

熱中対策に途中の水分補給は必須

冬でもおさんぽ中に500mlは飲もう

ジョギングや登山など、運動時の水分補給は誰でも忘れたりはしませんが、意外とおさんぽ中の水分補給に関して、あまり気にしていない人が多いようです。

汗には、体温調節をするために大切な役割があります。液体は蒸発する時に周囲の熱を奪うため、汗をかくことで体内の熱を逃がし、涼しく感じることができます。そして運動をしている時だけでなく、平常時や寝ている時でも汗をかいており、その量は1日1ℓ程度、暑ければ、さらに多くの汗をかきます。

汗の原料である水分が不足すれば、体に熱がこもってしまい、熱中症の危険も高まります。熱中症は夏だけ注意をすればいいものではありません。

当然、夏のおさんぽは、日中の日射しの強い時間帯をさけて日陰を選び、疲れたら無理せず休憩して水分補給をすることが大切です。また気温が高い時だけでなく、曇りや雨の日のように、湿度が高くても体内に熱がこもりやすくなり熱中症リスクが高まります。さらに冬のおさんぽ時も同様です。冬は防寒対策で厚着になりがちです。すると、30分ぐらいおさんぽをして、体が温まってくると汗ばんでくるので、やはり水分補給をする必要があります。

コロナ禍でマスクが習慣化して、おさんぽ中にもマスクを着用している方もいるでしょう。冬場のマスクは防寒対策にはなりますが、運動中のマスクはさらに熱中症の危険を高めます。おさんぽ程度の運動でも、マスクで呼吸が浅くなり酸素を取り込めなくなるため、頭もボーッとしてきますので注意が必要です。

おさんぽ時の水分補給の目安は、季節や運動量によっても大きく異なりますが、最低でも５００㎖、ペットボトル１本分です。さらに帰宅後も５００㎖程度の水を飲むようにしましょう。

マイボトルや自宅からペットボトルを持参してもよいですが、私の場合は片手でボトルを持って歩くと体の左右バランスが悪くなるので、おさんぽの折り返し地点あたりでペットボトルの水を購入して、その場で飲んで帰ってきました。

おさんぽ中に飲むのは「水」でもかまいませんが、経口補水液もおすすめです。経口補水液は体の電解質バランス（体液のミネラルバランス）を整え、無駄な発汗を予防します。どちらかというと点滴をしている感覚です。

経口補水液はさまざまなメーカーから販売されており、ドラッグストアなら安く買えるので、おさんぽ途中の休憩スポットにしてもいいですね。

経口補水液と似たものにスポーツドリンクがありますが、スポーツドリンクは糖分が多めなので、ダイエット中のみなさんは経口補水液にしてください。

また、コーヒーや緑茶はカフェインが入っており、利尿作用があります。ミネラル豊富な麦茶にするか、カフェ巡りを兼ねたおさんぽの場合は、ノンカフェインのドリンクにしましょう。

おさんぽ中の塩分補給に塩飴を

水分補給だけだと水分不足になる!?

おさんぽ中に大切なのは、水分補給だけではありません。じつは、**水ばかり飲んでいると、水分不足になってしまいます。**

これは、どういうことでしょうか？　おさんぽで汗をかくと、体の中の水分と一緒に塩分などのミネラルが失われます。汗が塩からいのは、そのためです。

「タンパク質、炭水化物、脂質」の三大栄養素に、ビタミン、ミネラルを合わせたものを五大栄養素と言います。ミネラルには、ナトリウム、カリウム、カルシウム、マグネシウム、鉄、亜鉛、要素など厚生労働省では13種類のミネラルの摂取基準を定めています。

ミネラルの働きは、「体の調子を整える」と教わった人も多いと思いますが、まさに塩（ナトリウム）は体液の浸透圧を保ち、体の水分量のバランスを保つ働きがあります。塩分が不足するとけいれんが起こったり血圧が低下したりします。ですから「塩」は、私たちの体にとって欠かせない大切なものです。

おさんぽで汗をかき、水分と共に塩分が失われた時、のどの渇きを癒やすために水分だけ摂取すると、体液中のナトリウム濃度が下がってしまいます。そこで、これ以上濃度を下げないように、のどが渇かないように感じさせる指令が脳から下されます。

しかし体は下がったナトリウム濃度を調整するため、汗や尿で水分を体からどんどん逃し続けるので体液が不足し、脱水症状が起こるのです。夏場、水分をとっているのに熱中症になって救急車で運ばれる人のほとんどは、この塩分不足が原因です。

つまり水分補給と同時に、塩飴などで塩分を併せて補給しなければ、結局脱水になり熱中症になってしまいます。

塩分は、水1ℓに対して0・1%〜0・2%。塩飴1〜2個で十分です。海塩を使った塩飴なら、ナトリウム以外のミネラルが豊富でおすすめです。

経口補水液や、塩入りのドリンクの場合は塩飴を別に取る必要はありませんが、水だけを飲む場合は、ぜひ塩飴をプラスしましょう。

おさんぽ後は「プロテインファースト」

サバ缶・サラダチキンでメタボ解消＆疲労回復

ダイエット法の1つに「ベジファースト」と言って、食事の時に野菜を最初に食べ、次にタンパク質を食べ、最後に炭水化物を食べるという方法があります。

太らない体を作るには、血糖値の急上昇を抑えるのがカギです。空腹時に炭水化物（糖質）を摂ってしまうと、血糖値の急上昇を招きますが、食物繊維を先に摂ると、血糖値の上昇がなだらかになります。

しかし、いつでも「ベジファースト」がいいかというと、運動後に限っていえば、タンパク質を摂るのがおすすめです。なぜなら、筋トレのような筋肉を酷使する運動だけでなく、おさんぽのような有酸素運動でも筋肉を分解してエネルギーに変えているからです。そのため筋肉の元となるタンパク質を補充する必要があります。

タンパク質は、胃でアミノ酸に分解されて吸収されますが、一般的に運動後30分以内の「ゴールデンタイム」に、タンパク質を摂取すると、アミノ酸が筋肉に運ばれる量が通常時の3倍になると言われています。

そこで私がおすすめするのが**「サバの水煮缶」**と**「サラダチキン」**です。


サバ缶は、タンパク質が豊富なうえ低糖質の食材です。サバ缶100gあたりに含まれるタンパク質は15g、糖質は1g以下です。

脂質は含まれていますが、サバのような青魚に含まれるDHA（ドコサヘキサエン酸）やEPA（エイコサペンタエン酸）といった良質の油は、脂肪の燃焼を促進させる働きがあります。また、中性脂肪や悪玉コレステロールの血中濃度を下げ、善玉コレステロールを増やし、動脈硬化や脂肪肝を改善します。


サバ缶はスーパーなどで味噌煮やカレー味のように味付けのものが売っていますが、塩分が多くなるので水煮を選びましょう。1缶は190g~200g入りで量が多いので、私はいつも半量を食べています。お皿に移してラップをかけ、軽くレンジで温めて食べると香りもよくなります。

サバ缶の残りは冷蔵庫にしまって、早めに食べるようにしましょう。最近では、コンビニなどで半量サイズの水煮缶が売られているので、小さい食べきりサイズもおすすめです。

もちろん、さんぽの後に、すぐに夕飯を食べるという人は、サバの塩焼きなど自分で魚の切り身を買って焼いてもよいでしょう。

青魚が苦手という人は、サラダチキンが最適です。サラダチキンに使われている鶏むね肉は、高タンパク・低カロリー、脂質も控えめです。タンパク質を効率的に摂取するのに有益なビタミンB6も多く含まれています。さらに鶏むね肉にはイミダゾールジペプチドという抗疲労成分が豊富なので、おさんぽで疲れた体にはぴったりです。

最近では、コンビニでもさまざまな種類のサラダチキンが売られているので、おさんぽ帰りに気軽に購入できます。サイズも豊富で、形状もスティックになっていたり、ブロックになっていたり、味付けもバラエティがあります。

サラダチキンは、自宅でも簡単に作ることができます。鶏むね肉は値段も手頃なので、レシピサイトなどを参考にして時間がある時にまとめて作っておき、冷凍保存しておくのもおすすめです。

健康と若々しさを保つダイエットは脂質が大切

良質の脂質で肌ツヤ&お通じも快調

ダイエットをする時に、唐揚げや天ぷらなどの揚げ物を食べなかったり、蒸し料理中心で、ドレッシングもノンオイルというように「油抜き」をする人がいます。油＝脂質はカロリーが高いので、結果的に体重を落とすことができます。

しかし、「油抜きダイエット」でやせると、便秘になったり、肌もカサカサでみすぼらしいやせ方になって、不健康極まりません。68ページで、PFC（タンパク質、脂質、炭水化物）バランスの大切さをお話ししましたが、脂質をエネルギーに変えていくおさんぽダイエットには脂質は不可欠です。

では脂質なら何でもよいのかというと、そうではありません。

脂質の成分である脂肪酸は、飽和脂肪酸と不飽和脂肪酸に分類されます。

飽和脂肪酸は、常温では固体で、肉やバターなどの乳製品に多く含まれています。この飽和脂肪酸を摂りすぎると、中性脂肪やコレステロールを上昇させ、動脈硬化や脂質異常症などの病気につながります。

不飽和脂肪酸は、常温では液体で、さらに多価不飽和脂肪酸（オメガ３系脂肪酸、オメガ６系脂肪酸）、一価不飽和脂肪酸（オメガ９系脂肪酸）に分かれます。

オメガ３系脂肪酸には、アマニ油、えごま油などに多く含まれるαリノレン酸、サバやイワシなどの青魚に含まれるＥＰＡ・ＤＨＡなどがあります。

オメガ６脂肪酸には、サラダ油、ごま油などに多く含まれるリノール酸があります。

オメガ９脂肪酸には、オリーブオイル、米油、紅花油、菜種油などに含まれるオレイン酸があります。

悪い油としてよく言われている「トランス脂肪酸」は、オメガ６脂肪酸系の液体の油に水素を加えて、固体の飽和脂肪酸のように加工したもので、マーガリン、ファットスプレッド、ショートニングなどが、これにあたります。

当然、これらを原料にした菓子パン、ビスケット、クッキー、ケーキや、これらの油で調理したドーナッツやポテトチップスにも多くトランス脂肪酸が含まれています。

オメガ6を多く摂取すると、脂肪酸が悪玉コレステロールを増やしたり、肝臓に沈着して脂肪肝となったり、生活習慣病のリスクを高めます。そのため、オメガ6が悪者にされることが多いのですが、オメガ6も私たちが生きていく上で欠かせない必須脂肪酸の1つです。

オメガ6は白血球を活性化し、細胞内に侵入した細菌やウイルスを攻撃してくれます。ところがオメガ6を摂りすぎると、この攻撃が過剰になり、自分の細胞まで傷つけてしまいます。

そして、その攻撃のブレーキ役になるのがオメガ3です。ですから、オメガ3とオメガ6をバランスよく摂ることが大事なのです。これらの脂質は、単一の食品に単一の脂質しか入っていないというわけではなく、オリーブオイルにも多少のリノール酸（オメガ6）も含まれています

オメガ3とオメガ6の理想のバランスは1：2です。お米、焼き魚、煮物、味噌汁といった和食中心の食生活をしている場合は、オメガ3とオメガ6のバランスが1：4ですが、パン、パスタ、ピザなど欧米型の食生活の場合は、1：10や、1：20に跳ね上がります。

そこで**オメガ3の割合を増やし、悪玉コレステロールを下げる働きのあるオメガ9脂肪**

酸を積極的に摂るようにしましょう。

オメガ3は、サバ缶のような青魚の他、クルミにも多く含まれています。また、ミックスナッツは良質の脂質の他、食物繊維、ミネラルビタミンが豊富なので、私は小腹が空いた時に、ドラッグストアのお徳用パックから指先で1つかみ10g程度食べています。キッチンスケールで1つかみの量を何度か計り、グラム数の感覚を覚えておくと便利です。

他にも毎日の食卓に必ずオリーブオイルと、ＭＣＴオイルを用意しています。ＭＣＴオイルは、飽和脂肪酸の1種ですが、中鎖脂肪酸といってエネルギーになりやすく、体脂肪や内臓脂肪を減らす働きがあります。無味なのでコーヒー、スープ、味噌汁などにかけています。

オメガ9脂肪酸が多く含まれるオリーブオイルはエクストラバージン・オリーブオイルを購入し、バター代わりにパンに付けたり、ドレッシングのようにサラダにかけています。特にサラダにかけて食べると野菜本来の甘味に加えて風味が出るのでおすすめです。

おさんぽで疲れやすい人は「貧血」を疑え

発汗でも鉄分は失われている

「貧血」というと、立ち上がった時にクラクラしたり、ふらついたりする姿を思いうかべると思います。じつは貧血と一口にいっても、その原因によって、「鉄欠乏症貧血」「脳貧血」「再生不良性貧血」「溶血性貧血」など、いくつかの種類があります。

日本人女性に多いのは、「鉄欠乏症貧血」と「脳貧血」です。

そもそも貧血とは、血液中にある赤血球（ヘモグロビンなど）が不足し、酸素を十分に運ぶことができず、めまいや立ちくらみを起こすことです。

「鉄欠乏症貧血」は、ヘモグロビンの材料である鉄分が不足することで、赤血球が不足し貧血になります。

日本人女性の1割が貧血だと言われ、特に月経のある20代～40代は、生理で鉄分も一緒に失われるので、貧血の人の割合は2割にのぼると言われています。

また、最近話題になっているのは「隠れ貧血」です。血中のヘモグロビン濃度が12g／dℓ未満だと貧血と診断されますが、ヘモグロビンの数値は正常でも、血液中のフェリチン(細胞中に貯蓄されている鉄)が足らず貧血予備軍になっています。この隠れ貧血の女性は4割とも6割とも言われています。

特に急激なダイエットで食事をセーブすると、栄養素の1つである鉄分が不足し貧血になりやすくなります。また、運動をプラスしたダイエットをしている場合、鉄は筋肉の材料にもなるので鉄を消費します。また、発汗でも塩分と一緒に鉄分が失われるので、ますます鉄分の補給が大切です。

いっぽう「脳貧血」は、「貧血」という言葉が入っていますが、従来の貧血の定義である赤血球は関係がありません。「脳貧血」は、医学的に「起立性低血圧」といい、血圧が低いために、脳に血液を送ることができなくて、朝に起きられなかたっり、立ちくらみをしたりします。

「脳貧血」の原因は、鉄不足ではなく筋力不足です。私たちの体は、心臓がポンプとなって全身に血液を循環させていますが、足が心臓ポンプの補助の役割をしています。ふくらはぎは「第二の心臓」とよく言われますが、ふくらはぎや下半身を鍛えることで、下から血液を汲み上げて、血液を脳に戻すことができます。

もちろんスクワットなどの筋トレなどで鍛えることも効果的ですが、おさんぽでも十分に鍛えることができます。傾斜の軽い坂、ゆるい階段などをおさんぽコースに取り入れることで、下半身に筋肉がつき脳貧血を抑えることができます。

また、マラソンをやる人などに知っておいてもらいたいのは「スポーツ貧血」です。医学的には「行軍血色素尿症」と言い、激しい運動などの着地の衝撃で、足の裏の赤血球が破壊され、その量が多すぎると尿と一緒に鉄が排出されてしまします。おさんぽダイエットの場合は、あまり問題ないと思いますが、衝撃が少ない運動靴を選ぶことが大切です。

このように、貧血といっても、さまざまな種類や原因がありますが、**おさんぽ中にフラフラッとしたり、ふわっとした状態になる人は、医療機関に行って採血をしてもらう**ようにしましょう。

チートデイは「和菓子」でリバウンド防止

断れない飲み会は月２回まで

ダイエットをしていると、最初は順調に体重が落ちていても、必ず停滞期が訪れます。停滞期については29ページでもお話をしましたが、食事量が減っていくと、飢餓に対応するため、体は基礎代謝を減らして省エネモードになります。そのため脂肪も落ちにくくなり、体重も減りません。

停滞期のサイクルは人によって異なりますが、**ダイエットをしている以上、停滞期は必ず訪れます**。

この停滞期を打破するためには、ダイエットを続けながらも、時々、肝臓のグリコーゲンを満たし、脳に「飢餓状態ではありませんよ」とだますことが必要です。それが**「チートデイ」**です。チート（Cheat）には、だます・ズルをする・反則をするといった意味があります。

チートデイは、ジャンクフードやケーキ、揚げ物、ラーメンなど何でも好きなものを基礎代謝の3倍食べます。すると省エネモードが解除されます。

しかし量が少ないと省エネモードが解除されずに、単なる食べ過ぎになります。これまでカロリー制限をしたり、食生活のバランスを考えて食事をしていたところに、いきなり脂質の多いものを取ってしまうと、より脂肪の吸収がよくなり、いっきにリバウンド街道まっしぐらに陥ってしまいます。

そこで私が停滞期を脱出するときにおすすめしたいのは、炭水化物を多めに食べる「ハイカーボデイ」というボディービルダーなどが取り入れている方法です。ハイカーボデイは、脂質の量は増やさずに、炭水化物（糖質）の量だけ増やします。

チートデイで、糖質だけをメインで食べるハイカーボデイのタイミングは、ダイエット生活をしていても体重が2週間程度停滞しているか、体温が0・2℃下がった時です。代謝が下がると体温も下がるので、スマートウォッチなどで体温管理をしている人は、体温も目安にしてください。

炭水化物の量は、体重1kgに対して6g～10gが目安です。白米、玄米、うどん、そば、お餅、さつまいも、オートミールなどがありますが、ここでもおすすめは、羊羹や大福などの和菓子です。和菓子は脂質が低いため最適です。

チートデイ（ハイカーボデイ）の翌日は1～2kg体重が増えますが、1週間程度で再び代謝が上がり体重も下がり始めます。

またチートデイと似て非なるものに「ドカ食い」があります。ダイエット中であっても、飲み会、歓送迎会、冠婚葬祭、忘年会、同窓会など、停滞期とは関係なく、飲み食いをする機会（＝遠慮食いで食事量が増えてしてしまう機会）が訪れます。

私は、50kgダイエットをした時、体重を毎日エクセルに入れてグラフにしていましたが、面白いことに、こういった場面で「ドカ食い」をすると、体重が9日分戻ることが分かりました。しかし翌日から今まで通りのダイエット生活を続けていると、その増えた体重は3日で戻せるのです。

つまり、9日戻って3日かかるので、スタートに戻すには12日分かかります。ですから、こういった「ドカ食い」の日を、月2回までにすれば合計24日ですが、月3回やってしまうと36日かかるので、体重増加が翌月に持ち越してしまい、結局、体重は備蓄され太ってしまいます。

宴会の食事は、ビールなどのアルコール類の他、塩分の多いものが多いので、体が水分を吸ってむくみが出て体重増加につながります。脂肪よりも水分が多いので、ここでダイエット生活に戻せば、３日で解消することができます。

よく、飲み会や食事会の翌日に、食べ過ぎたからといって１日野菜ジュースや１日ヨーグルトだけで過ごす人もいますが、私が提唱するおさんぽダイエットの場合は、特に制限をする必要はありません。これまで通りの食事量と運動量に戻せばいいだけです。

しかし、ここでダイエット生活をやめてしまえば、体重がどんどん増えてしまいます。

そこで**「ドカ食い」は月2回まで**になるようにしましょう。

第4章

雨の日は
どうしたらいいの？

もし雨でおさんぽできない時はどうするか？

雨の日でも「運動すること」を諦めない

ダイエットを始めて、せっかくヤル気が出ているのに雨が降ってしまうと、がっかりする反面、雨を言い訳にして「サボってしまおう」という気持ちが出てきます。
雨が降っていなくても風が強かったり、夏の猛暑日で外に出るだけで汗ばんできたり、冬で雪が降って地面が凍っている日などもあったり、必ずしも1年365日お散歩日和なわけではありません。

もちろん、おさんぽダイエットは毎日やらなくてもかまいません。忙しくて時間が取れない日、疲れている日、悪天候の日などに無理して行なうと、おさんぽまで嫌いになってしまいます。1日20分~30分、週3~4日程度が無理なく続けられるコツです。そこで**雨の日は思い切って「おさんぽダイエットお休みデー」にする**のもよいでしょう。

とはいえ雨の日のほうが、意外と家で時間が取れることが多かったりしますし、冬の極寒の時期だけおさんぽを休止してしまうと、明らかに運動不足となってしまいます。私は、ダイエットするときに、１年間で50kgやせると覚悟を決めたので、「運動をしないという選択肢は自分にはない」と、あきらめて、自宅でもできる運動に取り組んでいました。

最初は、その場で足踏みをするステッパーやランニングマシンを使って運動していましたが、40kgぐらい落ちたところで、うれしい反面、予想外なやせ方をして愕然としてしまいました。

太っている人が何十kgも減量すると、皮余り現象が出てきます。お腹や二の腕がたるみ、顔にもシワが寄ってきます。もともと白髪が多いほうだったのですが、髭にも白髪が交じり、若々しさもなくなってしまいました。

しかもお腹はあばら骨が浮いてきて、見た目もかっこう悪くなりました。自分が思っていたやせ方と違うのです。そこで、**自重トレーニング**を取り入れて、骨格筋をしっかりと鍛えるようにしました。

体重が重い人は、いきなり筋トレをしてしまうと、膝や足腰などに負担がかかるのでおすすめはできませんが、時々、筋トレをすることで、皮膚のたるみを防ぐことができます。

また、下半身のトレーニングをすることで代謝がよくなり、より効果的なおさんぽダイエットができます。

筋トレというと、マッチョになるのではないかと心配する女性もいます。しかし、女性はもともと筋肉がつきにくいので、かなり厳格な食事制限をしてハードな筋トレをしなければ、ボディビルダーのようにはなりません。

例えばモデルでタレントのローラさんなどは、インスタなどでもトレーニングの様子をアップしておられ、筋トレだけでなくボクシングやヨガなど、かなり本格的にトレーニングをしていますが、決してムキムキなわけではなく、女性らしく引き締まった美しいスタイルです。

私がおさんぽダイエットでおすすめする筋トレは、週1回程度。健康維持や代謝アップに効果的な頻度で、まさに雨の日の運動にもぴったりです。

アーケード商店街や駅ビルで距離を稼ぐ

モールウォーキングでウインドウショッピング

雨の日でも、風の日でも、雪の日でも、暑い日でも、寒い日でも、いつでも快適におさんぽができる場所があります。それが、ショッピングモールです。

アメリカでは１９９０年頃より**「モールウォーキング」**として、個人や集団でショッピングモール内を歩く運動が少しずつ認知され始めました。当初、ショッピングセンター側は運動目的で買い物や食事もしない来店客に眉をひそめましたが、集客に利用する大手ショッピングモールが出来はじめ、全米でモールウォーキング健康法が普及していきました。

アメリカ疾病予防管理センター（ＣＤＣ）のサイトにも、モールウォーキングが紹介されています。モールウォーキングは天候の面以外にも、さまざまなメリットがあります。女性の場合、おさんぽで人気のない道や夜道を歩くのは不安ですが、モールであれば、その心配がありません。

また、モール内は平坦なので、つまずいたり転倒するリスクも減らせます。さらにトイレもあり、疲れたらベンチやフードコートで休憩することもできます。

日本でもイオンモールがスポーツ庁の「FUN+WALK PROJECT」に賛同し、積極的にモールウォーキングを推奨しています。店舗によっては館内に歩行距離や消費カロリーが分かる看板があったり、「イオンモールウォーキング」のミニアプリも登場し、1日1000歩で1回クジが引けたりもできます。

もちろん、イオンに限らずアーケード商店街巡りなどでもいいでしょう。ショッピングモールやアーケード商店街以外にも、仕事帰りに駅ビルの中をぐるっと1周歩くなど、雨に濡れずにおさんぽできる場所は、いくらでもあります。

お店街によっては、「雨の日感謝デー」として、ポイント2倍のような特典があるところもあるので、チェックをしてみるとよいでしょう。


これまた個人的な話になりますが、私が大学病院を辞めてからクリニックの院長になるまでは父親が院長でしたので、クリニックに勤務する傍ら高校から始めたバンド活動に勤しんでいました。

アマチュアバンドとして地元でもかなり認知され、地元の京都伏見納屋町商店街のゆるキャラ「なやまっち」の立ち上げにも関わり、「なやまっち体操」の作曲を手がけました。そのため、今でも地元商店街を散歩していると、その曲が5分とか10分に1回商店街で流れるので、それが嬉しくて雨の日は商店街まで出掛け、何度も商店街を往復していました。

また豪雨ではなく小雨程度であれば、思い切っておさんぽをするのもおすすめです。人によっては、雨の匂いや、雨の音で癒やされるという人もいます。レインコートやウィンドブレーカーなど着て、傘を持つなど、しっかり雨対策をして出掛けましょう。

その場合は、遠くまで出掛けるのではなく、家の近所を2周、3周というように、雨脚が強くなったら、いつでも家に帰れる範囲で行なうようにしましょう。

ステッパー＆踏み台昇降で下半身を鍛える

カロリー消費はウォーキング以上も！

雨が降って、おさんぽができない日は、テレビを見ながらその場で足踏みをするだけでも十分に運動になります。

両脚を軽く開き姿勢を正して立ち、背筋を伸ばしたまま腕をしっかり振って、その場で1、2、1、2と足踏みをします。普通におさんぽをする時よりも、膝を高く揚げるのがポイントです。最初は膝の角度は60度、慣れてきたら90度まで上がるようにしましょう。

足踏みをする時は、床につま先から着地し、かかとから離していきます。腹筋と背筋を意識すると筋トレにもなります。人によっては数分できついと感じるかもしれません。10分から15分行なえば十分です。

その場での足踏みを、さらに効果的に行える器具に「ステッパー」があります。負荷をかけられるので、おさんぽやその場足踏みよりも消費カロリーが大きくなります。私もステッパーを購入し、雨の日の運動として取り入れていたことがあります。

ただし欠点としては、音が意外とうるさいということです。スポーツジムに置いてあるような大きなものは安定していて静かなのですが、私が購入したのは通販で買える６９９０円の値段が安いものだったので、足踏みするたびに「シュポンシュポン」と音がしました。油が切れてくるとギーギーと鳴り出すので、一軒家の人は大丈夫ですが、集合住宅の人は気になるかもしれません。油をこまめに差したり、防音マットを敷くなどの対策をするといいでしょう。

足踏みやステッパーは水平運動ですが上下運動を組み合わせると、さらに消費カロリーが多くなります。そこで踏み台昇降をプラスするのもおすすめです。

高さ調節ができる踏み台昇降専用の台も販売されていますが、カタログや厚みのある雑誌を10㎝～20㎝積み上げてガムテープで固定し、１００均などで売られている滑り止めシートを巻いて自作してもかまいません。

踏み台昇降を行なう時は、①右足を乗せて左足を乗せ、②右足を降ろし左足を降ろし、③左足を乗せて右足を乗せ、④左足を降ろし右足を降ろすというように、右足から昇ったら、次は左足から昇るというように、左右バランスよく行ないます。

かなり心拍数が上がるので、３分程度から始めるようにしましょう。

さらに下半身を鍛えたい人は、もともとスピードスケート選手が練習に使っていた「スライドボード」もおすすめです。現在は野球選手やサッカー選手などプロスポーツ選手もトレーニングに取り入れており、私も持っていますが、体幹も鍛えられます。

下半身を鍛えることで代謝が上がり、将来、老化による転倒予防にもなることは60ページでもお話をしましたが、他にもさまざまなメリットがあります。

血液や体内の余計な水分や老廃物は、重力もあるので下半身にたまりやすくなっています。それがむくみの原因です。しかし、足踏み運動でふくらはぎの筋肉を使えば、筋肉が収縮され血液の潮流を上に持っていくことができます。

特に女性は、むくみや冷え性の方が多いですが、**血液の循環がよくなることでむくみ解消と、冷え性や肩こりの予防にもなります**。

iPadでドラマを見ながらエアロバイク

静音&省スペースでいつでもどこでも

雨の日のおさんぽ代わりとなるもので、一番効率がよいのは**エアロバイク**です。エアロバイクは、場所を確保しないといけないという欠点がありますが、最近のエアロバイクは小型化されていて、折り畳み式のものも販売されています。さらにペダル部分だけのエアロバイクもあり、ダイニングの椅子や勉強机用の椅子に座り、足元に置いてこぐことができます。

また、昔のエアロバイクはチェーン駆動でしたが、最近はマグネット駆動が主流で、音がそんなに出ないので、集合住宅でも使えます。実際、私も集合住宅で使っていた時期があります。

先行投資はかかりますが値段も1万円前後からあり、毎日のように買って食べている100円200円のチョコポテチをやめれば、2～3カ月分であっという間にエアロバイク代が出ますので、長期的に使えることを考えればおすすめです。

エアロバイクの利点は、テレビを見ながら、スマホをいじりながらや、タブレットを見ながらなど、「ながら運動」ができることです。

私は雨が降っておさんぽができない日は、iPadでドラマを見ながらエアロバイクをしていました。ニューヨークの敏腕弁護士が活躍するアメリカの人気ドラマ『SUITS／スーツ』で、主人公は鍛えられた肉体をしてスタイルがいいので、「自分もああなるぞ」と、ダイエットのモチベーションにもなりました。

さらに、雨の日のモチベーションをアップするため、『SUITS／スーツ』は、エアロバイクをしている時のみ見ることにしました。ドラマは1話45分なので、長すぎず短すぎず、ちょうどよい運動時間です。時には、ドラマを見たさに、おさんぽをした日でも、夜にすき間時間ができるとエアロバイクをこいでいました。

私の場合は、スタンドを床に置いてiPadを見ていました。手元で操作ができ近い位置で見られるので、見応えもあります。もちろん、人によってはYouTubeを見たり、音楽を聞きながらでもいいでしょう。

エアロバイクは、ルームランナーと違ってダラダラと汗をかくほどでもないので、本を

郵 便 は が き

料金受取人払郵便

豊島局承認

4482

差出有効期間
2025年10月
31日まで

●上記期限まで
切手不要です。

170-8790

333

東京都豊島区高田3-10-11

自由国民社

愛読者カード 係 行

住所	〒□□□-□□□□ 都道府県 市郡(区)			
	アパート・マンション等、名称・部屋番号もお書きください。			
氏名	フリガナ	電話	市外局番 (市内局番) 番号	
		年齢	歳	
E-mail				

どちらでお求めいただけましたか？

書店名（ ）

インターネット 1．アマゾン 2．楽天 3．bookfan

4．自由国民社ホームページから

5．その他（ ）

ご記入いただいたご住所等の個人情報は、自由国民社からの各種ご案内・連絡・お知らせにのみ利用いたします。いかなる第三者に個人情報を提供することはございません。

『**おさんぽダイエット**』を
ご購読いただき、誠にありがとうございました。
下記のアンケートにお答えいただければ幸いです。

●本書を、どのようにしてお知りになりましたか。

□新聞広告で（紙名：　　　　　　　　　　新聞）
□書店で実物を見て（書店名：　　　　　　　　　　）
□インターネットで（サイト名：　　　　　　　　　　）
□人にすすめられて　□その他（　　　　　　　　　　）

●本書のご感想をお聞かせください。

※お客様のコメントを新聞広告等でご紹介してもよろしいですか？
（お名前は掲載いたしません）□はい　□いいえ

ご協力いただき、誠にありがとうございました。
お客様の個人情報ならびにご意見・ご感想を、
許可なく編集・営業資料以外に使用することはございません。

読みながらでもいいですね。エアロバイクの時間を趣味の時間に変えることで、雨の日の楽しみが増え、ダイエットも長続きしやすくなります。

エアロバイクは、１秒間に１回転のリズムでこぎ負荷を上げていきます。負荷はエアロバイクによって、５段階、８段階、10段階、20段階など、さまざまです。負荷は軽すぎても運動になりませんし、重すぎても１秒間に１回転のリズムを保てません。

そこで目安となるのが、心拍数です。**「ファットバーンゾーン」**という、脂肪が燃焼するために適した心拍数があります。有酸素運動をする時は、このファットバーンゾーンを意識すると、効果的にダイエットをすることができます。

ファットバーンゾーンは最大心拍数の50％～60％と言われています。早歩きをしたり階段を上った時のような、「少しきつい」と感じる程度です。この心拍数を超えてしまうと、無酸素運動で筋肉が鍛えられるので目的が異なってきます。

ファットバーンゾーンは、年齢や安静時心拍数などから自動計算をしてくれるサイトもありますが、簡単な目安としては以下の通りです。

体力に自信がない人＝「(220－年齢)×0・55～0・65」

一般的な体力がある人＝「（220－年齢）×0・7～0・85」

例えば、私の場合は52歳、体力があるので、（220－52）×0・55～0・65＝117・6～142・8となります。

そこでエアロバイクをこぐときに、1秒間に1回転のリズムでこぎながら心拍数が118～143の間におさまるように負荷を調整します。

最近は、ほとんどのエアロバイクで心拍数を計れる機能がついていますし、スマートウォッチでも計れますので、効果的な運動ができるよう、ぜひ心拍数も一緒に計ってください。

私の場合は、ドラマ1話分視聴したかったので45分～1時間こぎましたが、おさんぽの代わりとして行なう場合は、最低20～30分、長くても1時間程度だと疲れを翌日に残しません。おさんぽの時と同様、エアロバイクの前後には、軽いストレッチで準備運動や整理体操をしましょう。

ぶらさがり健康器は50年間効果あり

進化したハイブリッド健康器が続々登場

１日１分鉄棒にぶらさがるだけという、ぶらさがり健康法が考案されたのは１９７５年、今から約50年近く前のことです。提唱者の１人である日本体育大学の塩谷教授が考案したぶら下がり健康器は、発売後に爆発的ブームとなりました。もしかしたら、みなさんのご家庭やご実家にも、室内物干し竿となっているぶら下がり健康器があるのではないでしょうか。

しかし50年間続いている健康法というのは、やはり効果があるので現在でも長く続いているわけです。

ぶらさがり健康器には、肩こりや猫背の改善と腰痛予防効果があります。

特に、最近はパソコンやスマホを長時間利用する人も多く、前かがみの状態になり猫背気味です。猫背の状態が長く続くと、肩や背中の筋肉がこわばってしまい肩こりの原因に。

さらには、猫背になると腹筋や背筋はあまり使わなくなるので、筋力が衰え、結果として背骨に負担がかかり歪んだりして腰痛を引き起こします。

おさんぽをする上でも、姿勢を正して歩くことは大事ですから、常日ごろから姿勢の矯正をすることが大切です。パソコンやスマホを利用していなくても、中高年になると腹筋や背筋といった筋力が縮んで猫背や前傾姿勢になりがちなので、定期的に背骨を伸ばしてあげることが必要です。

ステッパーやエアロバイクは下半身を鍛えることがメインでしたが、ぶらさがり健康器は、上半身のストレッチに効果があります。

バーにぶらさがることで、まず背骨が伸びますし、広背筋が伸びるので肩の可動域が広くなり、肩こりも解消されます。

さらに胸郭の周りの筋肉がほぐれて肺が広がるので、空気をたくさん取り込むことができます。まさに深呼吸をしている状態です。酸素がたくさん取り込まれれば血行もよくなりますので、体の内側からも良いこと尽くめです。

ぶらさがり健康器が実家に眠っている人は、それを活用するのもよいですが、最近では、進化したぶらさがり健康器が続々と登場しています。名前もぶらさがり健康器ではなく、**「チンニングバー」**や**「チンニングスタンド」**と言います。

チンニングとは、「懸垂」という意味で、上半身を鍛える器具として、筋トレ界隈では人気です。ぶら下がるだけでもいいですが、慣れてきたら懸垂に挑戦するのもおすすめです。バーを持つときに順手か逆手か、さらに幅を広く持つか狭く持つかでも鍛えられる場所が変わってきます。

女性は懸垂が苦手な人も多いですが、「懸垂チューブ」という、懸垂を補助するものも売っていますので、自分の筋力に合わせて懸垂をすることができます。

また、1台○役ではないですが、チンニングバーの横や下に、いくつもの突起が付いており、腕立てや、大胸筋を鍛えるディップス、腹筋を鍛えるレッグレイズなどもできる複合型のものもあります。

私の場合は、ダイエットが高じてクリニックの倉庫になっていた地下の部屋を改造し、トレーニングジムを作ってしまいましたが、物置になっている部屋や独立した子ども部屋などが空いていれば、これを機会に筋トレルームにしてもいいですね。

またリビングに置いても、かなり邪魔になるので、やならいと家族の視線がキツくなり、よいプレッシャーになるかもしれません（笑）。

じつは、ダイエットの成功の秘訣の1つは**「家族を巻き込む」**ことです。私の家族で最初にダイエットを始めたのは、ぽっちゃり体型だった長女でした。コロナ禍で高校が休みになり、それと同時にダイエットを始め、徐々に体重が減っていくのを見て、私もヤル気になりました。

さらに、私と長女がどんどん痩せていくので、妻と次女もダイエットを始め、結果的に私が50kg、長女が30kg、妻と次女が合わせて20kgと、家族で合計100kgのダイエットに成功しました。

エアロバイクやチンニングバーといったダイエット＆トレーニング器具は、家族で共有して使えますし、1人暮らしの人も、友人と自宅で飲み会をするのではなく筋トレを一緒にしてもいいと思います。ダイエット仲間が増えれば、停滞期などのツライ時期も乗り越えられますよ。

インターバルトレーニングは「運動」「休み」を８セット

ＨＩＩＴで地獄の４分間

私がおすすめする雨の日トレーニングで、一番過酷ともいえるのが「ＨＩＩＴ」です。High Intensity Interval Training（高強度インターバルトレーニング）の略で、ヒットやヒート、インターバルトレーニングと言われています。

高強度の運動と休憩を1セットとして、４〜8セット繰り返すものです。

インターバルトレーニングは、１９５０年代にチェコの陸上選手ザトベックが一躍有名にしたトレーニングです。その後１９８０年代にスピードスケートの指導者である入澤考一が取り入れ、１９９０年代に立命館大学の田畑教授によるタバタトレーニングとして広まりました。

トレーニングは、たった4分間ですが、「有酸素性エネルギー」と「無酸素性エネルギー」の両方が鍛えられます。

さらに「HIIT」をおすすめしたい理由には、「アフターバーン効果」があります。負荷の高い運動をした後は、基礎代謝がアップして脂肪の燃焼を促進する効果が持続するのです。この持続期間は24時間から48時間、研究によっては72時間とも言われています。

タバタトレーニングは、論文発表当時、日本国内ではあまり注目されませんでしたが、欧米やロシア、ブラジルなど海外で話題となり、逆輸入のような形で日本でも人気が出てきました。

海外ではオリジナルから離れて様々な「HIIT」のトレーニング方法が派生しましたが、元祖であるタバタトレーニングは、全力での運動を20秒間行い10秒間休み、それを8回（合計4分間）行なうというものです。

タバタトレーニングで行なう運動は、ダッシュ、エアロバイク、踏み台昇降、筋トレ、縄跳びなど、どんなエクササイズでもかまいません。ただし全力で死ぬほど頑張って自分を追い込むことが大切です。

例えば自宅にエアロバイクがある人は、軽くウォーミングアップした後、負荷を上げて20秒間全力でこぎ、その後10秒間、負荷を下げてペースを落として息を整えます。そして再び「20秒間こぎ10秒休む」を1セットとして、合計8セット繰り返します。これが地獄の4分間です。

タイムを計る時は、最近では、スマホやタブレット、Apple Watchといったトラッカーでも、インターバルトレーニング用の無料アプリがあるので、それをダウンロードして使用すると便利です。時間になると音だけでなく、光で知らせてくれるものもあります。

また、そもそもどんな運動をしてよいのか分からないという人は、YouTubeで「HIIT」で検索をかけると、筋トレ系のユーチューバーが実況しながら4分間一緒にエクササイズをするプログラム動画が数え切れないほど出てきます。

例えば私がよく見て一緒にやっていた動画（地球がジムさん）では、タバタトレーニングの倍の時間になりますが、以下の順番で40秒間の高強度運動をし、20秒間のインターバルを入れていました。

①もも上げ
②スクワット

③バーピージャンプ（立った状態から腕立てをし、立ち上がる時にジャンプして腕立てを繰り返す）
④マウンテンクライマー（腕立てをした状態で両脚を交互に胸へ引き寄せる）
⑤バックランジ（足を一歩下げて腰を落とす）
⑥ジャンピングジャック（ジャンプをして両脚を開き、両手を頭の上でつける）
⑦スクワット＋もも上げ
⑧バーピージャンプ

床の上で直接行なうと足や膝に負担がかかるので、床にヨガマットを敷いて行なうとよいでしょう。かなりキツイですが、終わった後の爽快感はなんとも言えません。

筋トレは、おさんぽダイエットの効果も倍増させますので、エアロバイクや踏み台昇降、HIITなど、いくつかの運動を組み合わせて、雨の日を乗り切っていきましょう。

第5章

「IT」という無料のコーチをつけなさい

無理のないダイエット計画を立てよう

摂取カロリーと消費カロリーを計算する

おさんぽは体重を落とす上で、気軽に誰でも始められて、しかも効果的なことは間違いありませんが、おさんぽをしているからといって、毎日のようにトンカツ、唐揚げ、ビール、菓子、チョコポテチと食べていたら体重は減りません。

だからといって、炭水化物と油を抜いた食事にすればいいかと言えば、それが返ってリバウンドをまねくことになります。ですから食生活は、運動と同じぐらい大切です。

68ページでも説明したＰＦＣバランスが大事であるという大前提はありますが、私のように明らかな肥満で、まずは体重を落とすことが先決という人に実践してもらいたいのが、「摂取カロリー」と「消費カロリー」を計算することです。

単純な話、食べたカロリーよりも消費するカロリーが多ければ、必ず体重は減ります。この面倒な計算をし、ダイエットで挫折をしそうな心を助けてくれるのが「ＩＴ」という優秀なコーチたちです。

ネットでは、ダイエットに関するさまざまな自動計算サイトが公開されています。そこでまず調べてほしいのが、自分の基礎代謝です。基礎代謝とは、呼吸をしたり、食べものを消化するなど、私たちが生きているだけで消費する最低限のエネルギーのことです。これは年齢や体重によっても異なり、複雑な計算式で出します。

ネットにも無料計算サイトがありますので、ぜひ、ご自分でより正確な数値を出してもらいたいのですが、大まかな目安として、女性は１１００㎉前後、男性は１５００㎉前後で、年齢と共に基礎代謝が落ちてきます。

これに、皿洗いや掃除といった家事や通勤通学、階段の上り下りといった日常生活、おさんぽなどの運動分がプラスされたものが１日の消費カロリーになります。

次に総摂取カロリーを把握するために、食事記録をつけましょう。だいたいのカロリーが把握できるようになるまでは、基本的にカロリーが計算できる食材、カロリーが書いてある市販品だけを購入しましょう。例えば、袋入り菓子パンやインスタント麺はカロリーが表示されていますが、街のパン屋の菓子パンや、ラーメン屋さんはカロリーが書いてありません。

少し面倒ではありますが、毎日、食べたものを手帳やエクセルなどに記入し、1日どれぐらい食べているか計算しましょう。最近では、「あすけん」や「カロミル」といった食事管理アプリがたくさんあり、精度はまだ高くないとはいえ、食事の写真を撮るだけでカロリーや栄養バランスをAIが計算してくれるものも出ています。

食事記録は最低1週間、長くても1カ月で十分です。食事を見て、だいたいのカロリーが分かるようになれば十分です。

「摂取カロリー」と「消費カロリー」が計算できたら、毎日、どれぐらい食べて、どれぐらい消費すれば痩せることができるかが分かります。

そして次に、どれぐらいの期間で何kgの体重を減らすか目標を決めます。

脂肪1kgを消費するのに必要なカロリーは約7200kcalです。単純計算になりますが、1カ月で1kg減らしたい場合は7200÷30＝240になるので、1日240kcal分を余計に消費するか、摂取カロリーを抑える必要があります。

もし、3カ月で10kg痩せたい場合は、72000÷90＝800になります。800kcalを余計に消費するか、800kcal分摂取を抑える方法でもいいですが、400kcal分を運動で消費し、400kcal分は食事をセーブするというように組み合わせて800kcalにする方法が、どちらか一方だけでやせようとするよりバランスがよく、体に負担が少ない方法です。

私の場合は、１年で50kg減量をするという目標を立てたので、36万㎉、１年３６５日ですが、だいたい１日１０００㎉を運動消費と食事制限で捻出する必要があります。

そこでエクセルのグラフに、縦軸を体重、横軸を日付にし、スタート地点である現在の体重を入れ、１カ月後に何kg、３カ月後に何kg、半年後に何kg、１年後に何kgというように目標の体重を書き入れて線を結びました。そして、毎日体重を測り、グラフに記入をしていきました。

もちろん、最初は急角度で減り、停滞期で止まったり増えたりなどしますが、そのたびに計画を立て直すことで、無理なくダイエットを続けることができます。

ヘルスケアアプリはすでに実装されている！

スマホがあるなら使わないと損

おさんぽダイエットを患者さんに勧めると、「先生、やっぱり万歩計は買ったほうがいいですか？」と聞かれます。そんなとき、「もう、みなさんのスマホに標準装備されていますよ」と答えると、大変驚かれます。

iPhoneでもAndroidスマホでも、ヘルスケアアプリが標準装備されています。iPhoneは「ヘルスケア」というハートのアイコンのアプリで、アプリを開けば、歩数や、ウォーキング＋ランニングの距離、上がった階数、さらには安静時消費エネルギー、アクティブエネルギーも出てきます。試しに、iPhoneの方は、アイコンをクリックしてみてください。棒グラフが出てくるはずです。

Androidスマホでは無料アプリ「Google Fit」を、Google Playからダウンロードすることで、運動時間や歩数、消費カロリー、移動距離などが分かります。

さらにＩＴやガジェット好きな人は、**Apple Watch**（iPhone と連携）や **Fitbit**（Google Fit と連携）などの、スマートウォッチもおすすめです。スマートウォッチなら、家の中にいるときや仕事中など、スマホを持ち歩かなくて済むからです。私は昔、Fitbit を使っていた時期もありますが、現在は、Apple Watch を「ヘルスケア」と連動させています。Apple Watch の標準アプリ**「ワークアウト」**では、心拍数、距離が表示され、勝手に消費カロリーも計算してくれます。エアロバイクをこぐときなど、心拍数をファットバーンゾーンに保つことが効果的なので便利です。

スマートウォッチは、安いものでは３０００円ぐらいで売られているので、まずは使い勝手を体感してみるといいかもしれません。まさに24時間３６５日、あなたの専属のコーチになってくれるでしょう。

体重計で測れるのは体重だけではない

体の様々な変化を可視化する

ダイエットをするにあたって体重計は必須ですが、体重計もスマホアプリと連携して、乗るだけで「ヘルスケア」や「Google Fit」にも記録ができるものも増えています。私は、**タニタのHealth Planet**という体重をはじめ体脂肪率や筋肉量を記録しネットサービスと連携できる体重計を使っており、「ヘルスケア」と連動させています。

体重計をこれから購入する人や、買い替えを考えている人は、スマホと連携しており、さらに体重以外にも体脂肪なども計れる体組計が計れるものがおすすめです。

メーカーによって計れる項目はさまざまですが、年齢と身長、性別などを入力すると、体脂肪率、内臓脂肪レベル、ＢＭＩ、筋肉量、基礎代謝、推定骨量や、むくみが分かる体水分率などが出てきて、自分の体の状態を知る目安となります。

おさんぽをして摂取カロリーを控えれば嫌でも体重は落ちますが、脂肪だけが落ちてくれるわけではありません。**体重が減ると代謝も下がり、筋肉量や骨も減ってしまいます。**そこで健康的にダイエットを続けるために、体重以外の指標をチェックすることも大切です。停滞期やリバウンドをしたり、筋肉量が減るなど、あまりよくない傾向が見られたときは、もう一度、食事管理アプリなどで食事内容を見直すとよいでしょう。

体重計（体組計）は毎日、同じ時間に測るのが基本です。食事の直後はもちろん、飲酒後、入浴後などは体内の水分量が増減し、正確な体重や体脂肪が測りにくくなります。そこで起床後、もしくは就寝前と決め、毎日同じ時間に、同じぐらいの重さの服装で、裸足で体重計に乗って測るようにしましょう。

さらに体重を毎日アプリで連携して記録している人も、アプリを眺めるだけでなく手書きでグラフに書き入れて張り出すアナログ併用方式がおすすめです。

アプリの場合は、期間によってスケールが伸び縮みをするので客観的なイメージがつきにくいということがあります。長いスパンの場合は、手書きのグラフのほうが見やすいので、リアルの表に数字を書き込むことが大切です。

また、私はフルマラソンを走った経験もあるので、目標減量体重の50kgを、42・195で割ってグラフに書き入れていました。そして、「今、10km地点まで到達した」「今、30km

地点まで到達した」「ゴールまであと1㎞」と、ダイエットをフルマラソンと重ね合わせてゴールを目指していました。

みなさんも、東海道五十三次の宿場や、富士山の何合目、競馬の第何コーナーなど、自分なりに目安となるものをグラフに直接書き込むとよいでしょう。これは、アプリではできないことです。

また、私は要所要所で「この期日までに○kg痩せる」という目標体重をクリアできたら、赤鉛筆で数字を丸で囲んでいました。

しかも私は、そのグラフを風呂場の脱衣所に貼っていました。妻や娘たちもグラフを見て「お父さんは、こんなに頑張っている、すごい！」と、私のことを見直してくれているに違いないと思うだけで、ダイエットのモチベーションへと繋がりました。

アプリは、開かなければ目に入りません。ですから、毎日否応なしに目に入るところにグラフを貼ることで、リバウンドの抑止力にもなります。

タイムを計ってモチベーションアップ

日記代わりにスマホで表示画面を撮影

私がおさんぽダイエットを始めたのは、ちょうどコロナ禍が始まった頃でした。最初のうちは、クリニックの裏手にある明治天皇陵までおさんぽをして帰るというコースが多かったのですが、体重がある程度落ちてきたので、さらに足を伸ばして伏見稲荷まで行くようになりました。そして、毎回、頂上までの時間をApple Watchで測ることにしました。最初は頂上まで50分ぐらいかかっていました。途中に階段を上るので、体重が重いうちは膝に負担もかかり、息も上がるので、よっこいしょという感じでした。

ところが、毎日のようにおさんぽをしているうちに、階段の足取りも軽くなり、タイムも縮まり、最終的には20分ちょっとで上れるようになりました。

しかし、どんどんタイムが縮まるかというと、そういうわけでもないのです。

伏見稲荷は観光地ということもあり、最初のうちはコロナ禍で人が少なかったのですが、ある程度コロナの感染者が落ち着いてくると参拝客も増えてきました。

神社の境内は狭く、特に伏見稲荷の映えスポットでもある千本鳥居は、朱塗りの鳥居がトンネル状になっていて、観光客の方が立ち止まって写真を撮っています。そうでなくても、カップルや友人同士、修学旅行生が横並びで歩いたりするので、なかなか抜かすことができません。

そこで人が混んでいる方がタイムが落ちると思いきや、ガラガラのほうが遅いこともあるのです。適度に観光客がいて、上から降りてくる人に気を遣いながら、ササッと小走りで抜いて行くほうが、タイムが速くなることが分かったのです。

そういった運的な要素が、「今日は何分で行けるだろうか」と、タイムを計る楽しみにもつながりました。みなさんも、同じコースでも、信号待ちや踏切など、さまざまな要素でタイムが変わってくると思うので、計ってみるといいでしょう。

私の場合は山頂につくと、おみくじを引き、その結果と山頂までのタイムをスマホで撮影しました。GPS情報をONにして撮影をすると場所でまとめて表示ができるので、時々アルバムのようにタイムの変化を見返しています。

ゲーム感覚で楽しめるアプリを活用

オリジナルのおさんぽコースも作ってくれる

おさんぽコースは1つに限定せず、距離や目的地など、さまざまなコースを設定するとよいと50ページでもお話をしました「Trail Router」のように、自動でおさんぽコースを作ってくれるアプリもあります。

他にも、地図やルート検索ができるNAVITIMEでは、「ＡＬＫＯＯ」という無料アプリがあり、距離や所要時間を入力すると自動的におさんぽに適したコースを提案してくれます。

昔からある「キョリ測」は、自分でルートを設定すると、距離を表示することができます。「キョリ測」は、ソフトクリーム1個分、中生ビール1杯分といった、自分が設定した食べものでカロリー換算も表示されます。

みなさんも地図を調べるときにおなじみの「Google Map」にも、「マイマップ」という無料でルートが作成できる機能があります。

Google にログインをした状態で Google Map を表示し、左上の三本線のメニューから、一番上のリボンのアイコン（保存済み）を選びます。次に、「マイマップ」をクリックし、一番下にある「地図を作成」から、地図のタイトルと説明を編集します。そして、行きたい場所をいくつか地図上で選択すると、そのルートを自動で作成することができます。

Google Map には、ストリートビューという機能があり、実際のルートの画像を見ることができます。

2Dの地図だけでは、交通量も分かりませんし、坂道などが分からなかったり、階段も広いのか狭いのか、急なのか緩やかなのかといったことも分かりません。初めての道が不安な人は、事前にストリートビューでチェックしてみてもよいでしょう。

他にも「マイマップ」は、自動作成ではなく、手書きでルートを書き込むこともできるので、自分だけの「おさんぽマップ」を作るのもおすすめです。

おさんぽに使えるアプリは地図だけではありません。一世を風靡した「ポケモンGO」も、ゲームが楽しめ、おさんぽダイエットにもなるので一石二鳥です。iPhone のヘルスケアや、Android の Google Fit と連携をしているので、歩数や距離、消費カロリーを稼ぐことができます。私も、「ポケモンＧＯ」が流行っていた時に、おさんぽ目的ではありませんでしたが、あちこちに出かけてポケモンを捕まえ、結果的によい運動になりました。

２０１９年の記事ですが、ポケモンの石原恒和社長によれば、「ポケモンＧＯ」の世界中のユーザーの歩数の合計は約２３０億㎞となり、筑波大学の研究チームの試算によれば、１歩あたりの医療費抑制額は０・０６１円だそうで、１歩を０・７ｍと換算すると、なんと約２兆円が削減できたことになります。

ちなみに私は最近では**「ピクミンブルーム」**をやっています。

地理や歴史好きな人は、**「世界遺産ウォーキング」**といったアプリもあります。スマホの歩数計と連動し、モン・サン＝ミシェル、マチュピチュ、自由の女神像、清水寺など、１００種類以上の世界遺産から選んで歩きます。Googleストリートビューで、現在地や世界遺産を見ることもできるので、旅行気分も楽しめます。足踏みをするだけでもカウントされるので、雨の日に自宅でステッパーを踏みながらバーチャルトリップをしてみたらいかがですか。

スマートシューズで歩くのが楽しくなる

正しい歩き方や筋力の衰えも分かる

今でこそ産婦人科医をしていますが、中学高校生時代はパソコンやプログラミングが好きでした。医者にならなかったらＩＴ系の道へ進んでいたと思うぐらいで、ガジェット系の新製品が出るとつい試したくなります。

これまでダイエットをしてはリバウンドをしてきた私ですが、大学病院勤務時代に夜勤続きで深夜の外食が増えて体重が増えすぎた時は、フルマラソンを目標にして、ジョギングで体重を落としました。その時に活用していたのが、センサー内蔵のナイキシューズです。

15年以上前の話なので、当時はスマホがなく、携帯電話にようやくｉモードが搭載され、液晶がカラー化されたぐらいの時代でした。

ジョギングシューズの靴底に穴があり、そこにセンサーを買って埋め込みます。センサーは、iPod nanoと連携しており、その振動でどれぐらいの距離を走ったかを推測し、時間やペース、消費カロリーなどを記録してくれます。

　そのデータをiTunesに転送し、パソコンからサイトにデータを送信すると、さらに過去の記録や、目標値への達成率だけでなく、フレンド（他のランナー）と競い合うこともできます。負けず嫌いな性格の人には、うってつけです。

　私は、当時の最高ランクであった５０００㎞以上のブラックレベルまで到達して辞めてしまったのですが、久々にサイトにログインをしたら、さらに１万５０００㎞以上の最高ランクができていました（笑）。


　ちなみに、15年前もダイエットに成功し、目標であったフルマラソン完走を達成しました。しかし、その後、ゆるやかにリバウンドをし始め、気がつくと赤字経営で風前の灯火だったクリニックを父から引き継いでからは、病院経営立て直しのためダイエットは二の次となり、コロナ禍で体重が爆増してしまったのです。

　この時、なぜ再びジョギングをして痩せようと思わなかったかというと、１つは体重が重すぎて、膝や腰に負担がかかって走れないというのもありましたが、マラソン大会には制限時間が設けられているからです。

例えば、京都マラソンの場合は6時間に設定されています。これまでフルマラソンを6回走っていますが、じつはそのうちの1回、4回目は制限時間をオーバーしてゴールができませんでした。この時は筋トレ中心の練習メニューにして、あまり走り込みをしていなかったのが原因だと思っています。

ダイエットの目標として「フルマラソン出場」は、大きなモチベーションとなりますが、マラソン経験の少ない人は完走できずに挫折を味わうことになってしまいます。そういう意味でも、ストレスなく自分のペースで楽しくできるおさんぽダイエットは、体重の重い方や、中高年の方におすすめです。

最近ではナイキ以外にも、アンダーアーマー、アシックスなど各メーカーからスマートシューズが発売されています。歩幅、着地の角度や衝撃、足裏の接地部分など、より細かいデータを収集できるようになっています。

当初はアスリート向けというイメージでしたが、足の痛みや筋力の衰えなどもデータから読み取れるので、近年では医療や介護分野でも注目され始めています。

歩きながら仮想通貨でお金を稼ぐ

歩数計アプリでポイ活もできる

仮想通貨というと大儲けもできるが大損もする怖いイメージがあります。しかし私は、素人でも、お小遣いの範囲で投資を楽しむ分には問題ないと思っています。競馬やパチンコなどのギャンブルと一緒で、ハマりすぎて生活費をつぎ込むようになったらおしまいです。

最近、私が興味を持っているものに、**「NFT（Non-Fungible Token、非代替性トークン）」**があります。ざっくり言うと、代替不可能なデジタルデータのことです。これまでは、CDを買ったり、音楽をダウンロードすると、コピーや複製をすることができましたが、NFTを利用するとコピーができません。

そのため、1つ1つの作品が唯一無二となり資産的価値を生みます。デジタル音楽、デジタルアート、デジタルフォト、ゲームのアイテムなど、デジタルで販売できるものはNFT化することができ、すでに、ミュージシャンやアーティストがNFTマーケットで作品を販売しています。

このように、現在、バーチャルで財産を持つという考え方が、どんどん広まりつつあります。


そして、これがどうおさんぽに繋がるかというと、ランニングやウォーキングをすることで仮想通貨を稼ぐことができるNFTゲーム「Move to Earn」というジャンルのゲームが人気となっているのです。

わりと先陣を切ったのが2021年にリリースされた「STEPN」というゲームで、その後も続々と登場しています。興味のある人は、ぜひ「Move to Earn」で検索をしてみてください。


「STEPN」について、ざっと説明をすると、まず仮想通貨を取り扱う口座を開設し、現金を仮想通貨に替えます。私は2万円を仮想通貨に交換して、アプリ内でNFTスニーカーを購入しました。

アプリを起動して、ウォーキングやジョギングをすると、距離に応じて仮想通貨を稼ぐことができます。また、シューズのレベルが上がると効率的に仮想通貨を上げることができ、稼いだお金は、シューズのレベル上げや修理費などに使えます。

これはおさんぽの趣旨とはズレますが、自分で歩くだけでなく、レベルの高いスニーカーを人に売買することもできます。

「仮想通貨」はハードルがちょっと高いという人は、まずはポイ活から始めてもいいでしょう。

すでにポイ活をしている人にとっては有名なポイントサイト**「ポイントタウン」**でも、歩数に応じてポイントを貯めることができます。ポイントは、Amazonギフト券や楽天ポイント、ＷＡＯＮの他、ＡＮＡやＪＡＬのマイル、現金などと交換ができます。

他にもｄポイントがたまるドコモのサービスｄヘルスケアや、ポイントではありませんが、コカ・コーラのアプリ**「コークオン」**も、歩くことでスタンプがもらえ、15スタンプを集めると、対応の自動販売機でドリンクが1本無料になります。

このように、ＩＴ時代ならではのお得になる楽しみを見つけるのも、おさんぽダイエットを長続きさせるコツです。

第6章

自己肯定感がアップしてなりたい自分になれる

かつて修験者は「山」で精神と肉体を鍛えた

歩くことで悩みを解消、心をととのえる

真言宗や天台宗などで、最も過酷な修行である「千日回峰業」を成し遂げた僧侶のみ与えられる位に**「阿闍梨」**があります。天台宗の比叡山千日回峰行は、7年間にわたって通算1000日をかけて行なうものです。

滋賀県と京都府にまたがる比叡山を、1日30㎞の道のりを6時間かけて巡拝し、1年目から3年目は連続100日、4年目と5年目は連続で200日、6年目は1日60㎞、7年目は200日（前半100日は84㎞、後半100日は30㎞）です。

また金峯山修験本宗の大峰山千日回峰行は、1日往復48㎞の道のりを、足かけ9年かけて行ないます。

弘法大師が修行したことで有名な四国八十八箇所を巡礼するお遍路さんや、日本古来の山岳信仰である修験道など、山道を歩いて修行をしました。

また、お寺でも座禅の合間に歩行で瞑想をする「経行（きんひん、きょうぎょう）」も古くから行なわれており、ヨガやマインドフルネス（ストレスマネジメントの1つ）でも歩行瞑想が取り入れられています。

歩くことと心には深いかかわりがあります。

私の場合は、体調があまり優れない時、心に不調を抱えている時こそ「おさんぽに行こう」と、おさんぽに出かけていました。もちろん玄関を出るまでは腰が重い日もあります。しかし、最初は乗り気でなくても歩いているうちに不思議と体調が改善するのです。

例えば、ちょっと微熱が出ている時も小1時間おさんぽをして、じっとり汗ばむぐらいになって帰ってきて、シャワーを浴びるとすっきりして熱が引いていたりします。

また、仕事でうまくいかない時や、悩みがあったりする時など、最初は「どうやって悩みを解決しようか」と憂鬱な気持ちで歩いていても、そのうち「そんな悩みは、どうでもいいや」と、気楽な気持ちになります。そして精神が安定すると、突然お悩み解決法が頭に浮かんだりします。

むしろ心身が不安定な時こそ、歩くのが大事だということに気付かされました。

なぜ、おさんぽをすると悩みが消えていくのでしょうか？　1つには**脳内神経物質のセロトニンが関係している**ことが考えられます。

第1章でもお話をしましたが、セロトニンは別名「幸せホルモン」と言われています。セロトニンには怒りや攻撃性を抑え、精神を安定させる働きがあります。セロトニンを分泌させるには、セロトニンの材料となる必須アミノ酸トリプトファンを含む大豆製品や乳製品、肉や魚などを食べる他、朝日を浴びることでも分泌されます。

他にもセロトニンは1日15分～30分程度、軽い運動をすることによって増やすこともできます。なかでも、一定のリズムで行う有酸素運動が効果的です。つまり、イッチニッ、イッチニッと歩くおさんぽは、セロトニンを増やすのにうってつけです。

また、セロトニンは、深い眠りを導いてくれる睡眠ホルモン「メラトニン」の原料となっています。そのため、夜、悩んでなかなか寝付けないという人も、ぜひ昼間、たくさん歩いて、快眠のためのセロトニン貯金をしましょう。

温故知新や街の変化を感じることが刺激に

「気づき」や「知識」が人生を豊かにする

「おさんぽダイエット」というと、なんとなく単調なような気がするかもしれまんが、じつは歩くといろいろな風景に出会い、同じ経路を歩いていても、季節や時間によって予想以上に日々変化や発見があります。

例えば、すれ違う人々が学生さんであったり、老人であったり、電気工事の人であったり、犬と散歩中の人であったり。その人たちの服装を見ていても、「もう、春用のコートを着る季節だな」とか、「そろそろマフラーの出番かな」と、季節の移り変わりを感じます。

もちろん季節の移り変わりは八百屋さんなどに置いてある野菜や、ケーキ屋さんのショーウインドウに飾られている季節のケーキやタルトなどを見ることでも感じることができます。

川沿いを歩くときは、天候や時間によって水の濁りや水位にも変化があります。降水量が多ければ、水の流れが急に感じたり、雨の後では川が濁っていたり、気候がおだやかなときは、川の流れの音も静かだったりします。

街並みを見ていても、新しいお店が出来たり、マンションが建ったり、古い家が取り壊されて空き地になったり、毎日、景色は変わってきます。このように、毎回、新しい風景に出会えるのが、おさんぽの楽しみです。

同じコースであっても、変化を感じることで楽しい刺激となります。「昨日はつぼみだった花が今日は咲いていた」といった些細なことでも、それが小さな喜びとなります。そして小さな喜びを積み重ねることで、生きる大きな活力へと繋がります。

ただボーッと歩いているだけでは、風景はただの背景としてどんどんとスクロールされていきますので、変化に対するアンテナを張って、昨日と今日の間違い探しをするような感覚で、ぜひ風景を楽しみながら歩いてみてください。

また、私の住んでいる場所が、古都京都であるというのも大きいですが、おさんぽ圏内に歴史や、さまざまな縁のあるスポットがたくさんあります。

例えば、私のクリニックから歩いてすぐのところに、文化庁が日本遺産として認定している琵琶湖疎水があります。琵琶湖疎水は明治時代に人工的に作られた川で、この疎水が出来たことで、琵琶湖から安定して水が供給されるようになりました。京都の生活に欠かせない水路です。

琵琶湖疎水は、琵琶湖と大阪に流れる淀川の上流である宇治川を繋ぐ川ですが、琵琶湖と宇治川までの間に山があるため、約36ｍの高低差があります。その高低差を利用して日本初の一般供給用水力発電所が作られ、その水力発電を利用することで、明治28年、日本で初めて京都市で営業用の電気鉄道が開通しました。

そして、その高低差がある水路を船はどうやって通ったかというと、インクライン（傾斜鉄道）を利用しました。船をトロッコに乗せて運ぶのです。現在はインクラインの中を歩くことができ、春には両側の桜並木が満開になります。

琵琶湖疎水はトータルで全長約30㎞。娘たちが小学校のとき、夏休みの自由研究で6年間をかけて、私も一緒に歩いて調べた記憶があるので、今でも懐かしく思いながらおさんぽをしています。

みなさんの住んでいる街にも、何かしら言われのあるスポットがあると思います。城下町や漁師町、町の歴史を調べ、知識を持った上で歩くと、おさんぽがより楽しくなります。

新興住宅地であっても、市の図書館で古地図を見たり、地名の由来を調べたりするのも面白いかもしれません。例えば、関東や中部地方などでは、富士山が見える場所に、「富士見台」といった市町村名がついたりしています。地名の由来を調べるとこと、意外な歴史的事実が分かるかもしれません。

勉強の話ばかりになってしまいましたが、じつは最近、ふるさと納税の返礼でコントラバスを考えていたら、たまたま、ふるさと納税のコントラバスを作っている町工場が自宅から徒歩30分ぐらいのところだったので、おさんぽがてらに行って実物の楽器を見て、その場でふるさと納税をスマホで申し込みをしてきました。

ぶらり途中下車の旅ではありませんが、そんな楽しみができるのも、おさんぽダイエットの大きな魅力なのです。

足腰の筋肉とインナーマッスルを鍛えて健康寿命が伸びる

うつ、認知症、骨粗しょう症、糖尿、高血圧も改善

「人生１００年時代」と言われていますが、すでに現在50歳の人の平均余命が50年を越え、人生１１０年時代に突入していることは、第2章でもお話をしました。

しかし、いくら寿命が延びたとしても、ベッドの上で寝たきりであちらこちらチューブにつながれ、点滴を受けながら10年20年と過ごすのはうれしくありません。90歳、１００歳になっても元気で、それこそ昔の人が言っているような**「ピンピンコロリ」の大往生が理想**です。

２０２２年の厚生労働省が発表した高齢社会白書によれば、２０１９年の健康寿命は、男性が72・6歳、女性が75・38歳でした。男性の平均寿命は81・47歳、女性の平均寿命は87・57歳なので、平均寿命と健康寿命の差をいかに縮められるかが大切になってきます。

東京都健康長寿医療センター研究所が、群馬県中之条町と共同で取り組んでいる「中之条研究」によれば、1日4000歩以上の中強度の運動（早歩き）を5分以上行なうことで、うつ病の予防、5000歩7・5分以上で認知症、心疾患、脳卒中の予防、7000歩15分以上でがんや骨粗鬆症の予防、8000歩20分以上で高血圧症、糖尿病の予防が得られるということが、中之条町の高齢者5000人の13年にわたる詳細アンケートと健康診断データから分かりました。

このように、**毎日おさんぽをすることで、高齢者に多い病気のリスクを減らすことができます。**

54ページでも、おさんぽ時の歩き方について説明をしましたが、とにかく姿勢をよくすることが大切です。

胸を張って正しい姿勢で歩く場合と、あごを出して背中を丸めてダラダラ歩くのでは、体に対する負荷が全く違います。同じ歩くのであれば、インナーマッスルを意識した早歩きのおさんぽがおすすめです。

上半身は肩の力を抜いて、胸を大きく開きます。脇を締めて、腕を大きく前後に振ります。この時、手だけ振るのではなく、肩甲骨から腕が動いているのを意識しましょう。

歩く時は、骨盤や股関節から大きく脚を踏み出すことで、インナーマッスルである腰まわりの筋肉の腸腰筋が鍛えられます。さらに、おさんぽコースに階段を取り入れることで、より効果的に鍛えることができます。


また有酸素運動は、肺活量を増やすことにも役立ちます。肺活量が増えると、その分酸素を取り込むことができるので、疲れにくくなったり、痩せやすくなったり、免疫力がアップしたりと、いいこと尽くめです。

心肺機能が向上すると、余裕を持って安定した発声ができるようになるので、カラオケが趣味な人にとっても、うれしい効果かもしれません。私は、もともとバンドでギターを弾いていて、必要に迫られてコーラスを担当したこともありましたが、おさんぽダイエットをしたことで、発声が安定し、一人での弾き語りにもチャレンジするようになりました。

内科医をしている妻も若いころからドラムやキーボードをやっているので、クリニックをリフォームするときに、倉庫になっていた部屋を院内のミニコンサート会場にしたのです。そして娘たちが子どものころに習っていたピアノやふるさと納税の返礼品のコントラバスを置き、妻も実家からドラムを持ってきて、楽器を弾けるようにしました。

ダイエットに成功した今では気持ちも積極的になって、昔取った杵柄で、2カ月に1回、アコースティックギターで弾き語りをし、院内コンサートも行なっています。体重が重かったころは、ちょっと歌うだけでも息が切れていたので、大きな喜びの変化です。

人生110年時代、50代、60代になっても、まだまだ青春です。心身共に健康になって新しい趣味に挑戦するなど、人生を謳歌しましょう！

おしゃれな服が着られるようになる

同じ服でもサイズが違うと見栄えも変わる

おさんぽダイエットを始めたころは、１２３kgありましたが、体重がどんどん減り、それに伴って服のサイズもどんどん変わっていきました。ダイエットスタート時は、ウエスト１２６㎝のズボンでしたが、１カ月で６・７㎝ウエストが減りました。

洋服のサイズも最初は４ＸＬでしたが、３ＸＬ→２ＸＬ→ＸＬ→Ｌ→Ｍと、みるみるうちに小さくなり、順調に5サイズダウンしました。

太っていたころは洋服のサイズを探すのに苦労をしていましたが、やせてサイズが標準になると、店にあるすべての服から選ぶことができるのです。

今まで部屋着のスエット上下みたいなものしか買わなかった（買えなかった）のが、マラソンランナーが着ているような、ファッショナブルなスポーツウエアにも手を出せるようになりました。

やせてから気がついたのですが、大きいサイズの店というのは、いかに自分の身体を隠すかというデザインになっています。しかし標準サイズの服になると男性の服であってもウエストラインが締まっていたり、パンツもスリムストレートなど、細身のデザインになってきます。

太っているときは、臭いものにはフタをするではないですが、洋服を選ぶ時ですら、自分の体形は隠すべきものと、常に自己否定をしていたのです。

また、自分がやせると、太っていたころに着ていた服と同じデザインの服を選んだとしても、お腹が出ていない、首のラインがはっきり出ている、足が細くなったというだけで格段に良い着こなしが出来てしまいます。

ましてや自分が太っていたころには、よいデザインと思っていてもサイズがなかった服も選べてしまうのです。何しろ、「これ、いいな」と思った洋服、すべてを試着することができ、しかもやせたからといって顔がイケメンになったわけではないのに、似合ってしまうのです！

おそらくもともと太っていない人には分からない感覚だと思いますが、これまで太っているということで、いかに多くの諦めを受け入れていたかが身につまされました。

たかが洋服選びで、と思うかもしれませんが、この「諦め」が、どんどん自己肯定感を下げ、さまざまな行動に対するブレーキをかけているのです。

ダイエットに成功した今は、おさんぽをしている途中にショーウインドウやコンビニなどのガラスに映った自分の体型を見て、つくづくやせてよかったなぁと嬉しくなります。日に日に体重が増えていたときは、ガラスに映る自分を見て、ため息が出てしまい、なるべく目を背けていました。それが今では、ショーウインドウに映る自分を見るのが楽しくなってきました。

目標体重を達成してサイズが変わらなくなってからは、アウトレットモールのスポーツ用品店に行き、アンダーアーマー、ナイキ、アディダスなど、スポーツブランドのものを買うようになりました。カラフルなウエアだと気分も上がり、ジョギングのタイムも上がります。そして、「せっかく高いお金を出していいウエアを買ったのだから、リバウンドして着られなくならないよう、頑張ろう」というモチベーションにも繋がっています。

家族の長年の夢だったピザ釜でピザパーティー

人々の交流と地域の活性化へ

娘たちがまだ小さかったころの話ですが、妻が自分で作曲したメロディーを鍵盤で弾いたところ、娘たちが「ピザピザピザピザ」と歌詞をつけて歌い、「いつか自宅でピザを焼いて、ピザパーティーをしたいね」と盛り上がり、それが長年の夢でもありました。

何年か前、ふるさと納税を考えていたとき、返礼品のリストでピザ釜が出てきたのを見て、再び、私の中でピザ釜熱が盛り上がりました。

とはいえピザ釜だけが届いても、ピザ釜の設置場所やメンテナンスにも困るので、相変わらずハードルが高いままでした。

しかし、おさんぽダイエットで体重を減らし、1つ1つ自己実現を達成すると、「体重を減らすことができたから、次はピザ釜を作る夢を叶えよう」という気持ちが強くなったのです。

自分の体型についてネガティブに思っていた時は、「ピザ釜を持つなんて、どうせ夢だし」と消極的だったのに、体重を減らすことで自己肯定感も上がり、「よし！　ピザ釜を作ろう！」と、クリニックをリフォームする時に、工務店の方に予算やスペースを相談し作ってもらいました。

ピザ釜を作ってみると、これがまた、本当にピザが美味しく焼けるのです。イタリア料理専門店のピザも、もちろんおいしいですが、自宅（クリニックの裏）で焼くピザは格別です。以前よりピザ生地を作って、子どもたちがトッピングをしてトースターで焼いたりしたこともありますが、生地のふっくら度合いが全然違います。もっと早く作ればよかったと思うぐらいです。

じつは、ピザ釜を作ったのは「家族の夢」以外にも、もう1つ理由があります。それは、イベントを提供できるクリニックにしたいと思ったからです。

クリニックにトレーニングジムを作ったのも、自分や職員の方の福利厚生になるという以外にも、患者さんや周辺地域の方に運動を提供できるクリニックにしたいという思いがありました。

私は産婦人科医ですが、もともと内分泌（ホルモン）を専門に学んでおり、クリニックにはトランスジェンダーの方もホルモン治療に通われています。たまたまバンド時代の知り合いがトランスジェンダーだったこともあって相談をされたのがきっかけですが、今では遠くから通院されている方もいます。

最近は、LBGTについての理解が広まりましたが、まだまだ当事者同士にしか分からない悩みなどもあります。そこでピザ釜を呼び物にして、トランスジェンダーの方々に「ピザの会をやるから、食べに来ませんか?」と誘い、交流会を開催しました。

また、私が立ち上げに関わった地元の納屋町商店街のゆるキャラ「なやまっち」も10周年を迎えました。地元保育園や幼稚園で、私が作曲をした「なやまっち体操」をしてくれるなど、地域の方々に愛され、みなさんに踊ってもらい、地域の活性化に少しはお役に立てているのではないかと思います。

今年は、その10周年イベントも、商店街の振興組合の会長さんと一緒になって盛り上げていこうと考えています。

さらに、今年からは地元FMラジオのパーソナリティーとして、毎週水曜日、昼の3時から番組を持っています。

これも、たまたま地元放送局の前をおさんぽで通った時に、「医療を提供する立場の人間として、クリニックの患者さんだけでなく、ラジオを通じて地域やみなさんが元気で健康でいられるように、自分から発信して伝えたい」と、バンド時代の知り合いが地元ＦＭでパーソナリティーをしていたので、空いている時間枠があれば番組を持たせてくれるように声をかけ、実現しました。

番組では、おさんぽでやせた話だけでなく、健康に関する秘訣などを話しています。そしてＢＧＭは、もちろん自分で作曲した音楽を流しています（笑）。

おさんぽダイエットを成功させたことで自分自信が満足するだけでなく、今度はみなさんのお役に立ちたいという思いで、次から次へとアイデアが生まれてきました。

「だって、どうせ」という消極的な感情を打ち消すポジティブな感情が出て、**何に対しても積極的に取り組めるようになったのは、おさんぽダイエットの大きな副産物**でした。スリムな体型を手に入れる以上の喜びが得られたと思っています。

諦めていたフルマラソンに再挑戦

やせたことで人生を次のステージへ

ダイエットをしてはリバウンドしている私も、子どものころは小食で幼稚園ぐらいまではガリガリでした。母親は料理上手でしたが、毎日、食卓に出される「ほうれん草のおひたし」が大の苦手で、しかもお弁当にも毎日入っているので、食べるのにも時間がかかり、結果的に自然と小食になっていました。

おそらく、やせていた私に、ポパイのようにほうれん草で栄養を取ってほしいという母の愛情だったのでしょう。私も残してはいけないと感じていたと思います。

小学校に入学してからは給食のおいしさに目覚め、よく食べて普通の体型になりましたが、成長期だったので、そこまでは太らず。中学高校は寮生活で、剣道部でしたので60kgぐらいの普通体型を維持していました。

ところが高校卒業後、実家に戻り浪人生活を送ることになると、母親が6年ぶりに帰ってきた息子のために、毎日おいしい手料理をふるまってくれました。机に向かって勉強ばかりで運動もしないので、ある日、父親がクリニックに導入したデジタル体重計に乗ると、１０５kgになっていました。

その後、大学の医学部に進学しましたが、少しやせたものの軽音楽部で運動もせず、そのまま卒業して医者に。大学病院での慣れない業務のストレスや当直もあり、お好み焼き、ラーメンなど炭水化物の外食続きで、30代前半で１２６kgまで増加。脂肪肝となり1カ月入院し、糖尿病患者と同じ食事指導を受けました。そこで97kgぐらいまで落としましたが、大学病院に戻るとまた１２６kgまでリバウンド。

しかし結婚して子どもが生まれ、子どもが成人するまで健康で育て上げないといけないと、ダイエットで一念発起、エアロバイクで75kgまで落とし、２００７年福知山マラソンを完走しました。

その直後、大学病院を退職し、実家のクリニックに勤務しながらバンド活動やイベント主催などモラトリアム期間を過ごしてしているうちに、ゆるやかにリバウンド。２０１５年、母親が乳がんで亡くなり、父親も年老いて医者としてのピークが過ぎたのをきっかけに、私がクリニックの院長をまかされました。

引き継ぐ直前は父親も母親の介護で忙しく、少子化で分娩もどんどん減り、クリニックは倒産の危機でした。そこでクリニックを建て直すために、プラセンタ、ダイエット、アンチエイジング、トランスジェンダーの治療など、特色のある診療を打ち出して、なんとか経営を立て直し、患者数を8倍まで増やすことができましたが、体重も増えてしまったというわけです。

前置きが長くなりましたが、そんな私でも、今回おさんぽダイエットを成功させてからは、「フルマラソンに復帰する」という新たな目標ができました。体重があるうちは、体力の心配はもちろん、足腰の負担もあり練習すらままならないからです。

ジョギング程度から始め、筋トレなどのトレーニングも並行して行ない、コロナ禍中もオンラインのマラソン大会に参加し、現在もトレーニングを続けています。

「ダイエット」というと、その体重になるのが「ゴール」のように思うかもしれませんが、じつは「ゴール」ではなく、**新しい夢への「スタート」**です。ぜひみなさんも、新しい夢を見つけてください。

第7章

神さまのチカラを借りてみる

１０００年前の知恵「お百度参り」でやせられる

「やせる」ことを自分と約束する

「神様、どうか○○しますように」と、日本に住む日本人であれば、ほとんどの人が正月に神社仏閣に行き、賽銭を入れてお願いごとをしたことがあるでしょう。

ダイエットを繰り返し、そのたびに挫折をし、今回のおさんぽダイエットも挫折しそうな予感がする人に、私も実践した、とっておきの秘策をご紹介します。それは、神社に毎日お参りをしに行く**「神社おさんぽダイエット」**です。

まさに神頼みのダイエットです。

神様や仏様に願いごとを叶えてもらうための願掛けとして、何か好きな食べ物を絶ったり、お百度参りをしたりする方法が昔から知られています。

鎌倉時代の歴史書『吾妻鏡』によれば、すでに鎌倉時代初期にはお百度参りをしていた記述があります。

お百度参りは、もともと百日詣と言われ、１日１回、１００日間毎日神社仏閣に参拝をして、神様や仏様にお願いを聞いてもらうことで、願いが叶うという民間信仰でした。しかし、戦勝祈願や病気治癒など、１００日も時間をかけていられない願いのために、１日で１００回お参りをすればよいことになったのではないかと思われます。

今回、みなさんにおすすめするのは、後者の１日１００回のチートお百度参りではなく、本来の１００日間神社へ参拝する「お百度参り」方式です。

ダイエットをする時に、「〇〇日までに〇〇kg減」という目標を立てると、順調に体重が減らず、目標を達成できなかった場合は挫折感を味わってしまいます。

しかし「１００日間参拝する」という目標であれば、達成できるかどうかは自分の意志次第です。そして、その意志も「願掛け」という１００回限定であれば、みなさんも頑張れる気がしてきませんか？

ただし、「神頼みダイエット」で参拝をする時はいくら神頼みとはいえ「〇kgやせますように」という、完全な他力本願はＮＧです。

勘違いしてはいけないのは、神様は、自分が目標を達成するまで見守ってくれている存在であって、棚から牡丹餅のように夢が叶うわけではありません。西洋でも「天は自ら助くる者を助く」と言いますが、これは自分から努力をする人を、天は見放さずに応援をしてくるという意味です。

ですから、何はなくとも大切なのは、みなさんのやせるという「決心」です。神様には、その決心を応援してもらうのです。参拝するたびに、「私は、絶対にやせます。なので、神様、どうぞ応援してください」というように、自分の意志を表示することで、実際は自分自身と約束をしているのです。つまり「神様と約束をする＝自分への宣言」となります。

参拝するたびに自分自身に「やせる」という暗示がかかり、普段の食事内容が自然と変わってきたり、おさんぽをサボろうという気持ちが薄れてきます。

私の場合は、稲荷山の山頂（一ノ峰）に上ると、「今日もケガがなく、風邪もひくことなく山頂までおさんぽで神様に会いに来ることができて、ありがとうございました」と、まず神様に感謝し、「今後マイナス50kgを達成するまでお参りを続けるので、よろしくお願いします」と、ご挨拶をして山を降りてきました。

さらに、せっかく「お百度参り」をするなら、ダイエットの天敵であるチョコポテチを

「１００日間断つ」というように断ち物をすれば、より願掛けが強力になるのはもちろん、直接ダイエットにもつながるので、まさに一石二鳥です。

このように、ただの「神頼み」に思えるような「神社おさんぽダイエット」が成功する理由は、じつは理にかなったことだったのです。

50kgのダイエットを達成した後でも何度も参拝していますが、その時は「おかげざまで50kg達成することができました。ありがとうございます。このまま体重をキープしますので、引き続き見守っていてください」と、神様と約束をしています。

有酸素運動&筋トレのW効果が得られる

神社の上り坂とゆるやかな階段がミソ

私は「お百度参り」を意識していたわけではありませんが、1年間で伏見稲荷大社に111回参拝しました。

京都育ち私は子どものころより伏見稲荷大社が身近な存在で、昔から参拝に行ったり、それこそおさんぽに行っていたので、いい運動になるということは知っていました。

クリニックから伏見稲荷大社までは約3・6㎞、伏見稲荷大社本殿から千本鳥居を抜けた奥社奉行所から山頂（一ノ峰）までは、『お山めぐりコース』があり、登って降りて約4㎞、そのため合計11㎞のコースになります。私は反時計周りのルートと決めてタイムを計測していました。

クリニックから伏見稲荷大社まで約50分、山頂まで登って降りて約50分、伏見大社からクリニックまで約50分、合計150分の運動になります。2時間半かかるので、それ相応の決心がないとできません。しかし、「1年で50㎏やせる」と決心したからには、「千日回峰業」ほど厳しくはないものの、自分にとって少し無理な目標をかかげてやるべきだと考え、自ら苦行を課し神様に誓ったのです。

iPhoneでは、フィットネスというアプリが標準でついているので、過去を遡ると伏見稲荷大社への参拝で、１日でどれぐらいカロリーを消費したか見ることができます。

カロリー消費量は、年齢や体重、基礎代謝などによっても異なるので、あくまでも私の場合ですが、クリニックから伏見稲荷までの３・６㎞はウォーキングで44分、消費カロリーが３０８㎉、山頂までの往復４㎞は５２８㎉、帰りは２７７㎉で、合計１１１３㎉を消費していたことになります。

脂肪１gは９㎉なので、神社おさんぽダイエットをすると１１１３÷９＝１２３となり、１日で１２３g体重を落とせることになります。

50㎏は５万g、３６５日で割ると１日あたり約１３７gとなるので、差は14g、カロリーに換算すれば１２６㎉で、お茶碗半分程度の量となります。ですから、毎日伏見稲荷に参拝してご飯を半分にすれば、計算上では１年で50㎏のダイエットを成功することができます。

神社おさんぽダイエットは、有酸素運動として優れていますが、じつは同時に筋トレ効果を得ることができます。

神社やお寺は、そもそも山の中にあることが多いですし、街の中にある神社仏閣も、本殿に行くまでに石段や坂道を登っていく場合がほとんどです。なぜなら、神様のところへ行くのに下り坂だと、神様を見下ろす形となり、大変失礼だからです。

階段や坂道は、第2章でもお話をしたように、大殿四頭筋（ももの筋肉）を鍛えるのに効果的で、代謝をアップさせることにつながります。

階段は、神社に限らず、駅や職場、デパート、マンションなどでもかまいませんが、特に神社の階段は段差がゆるやかであったり、階段の幅が広いところも多く、足腰の負担が少ないため、体重の重い人にとっては最適です。

「階段」は、夢や目標へ近づく比喩としてもよく使われています。神社の長い階段を登り、ダイエット成功という目標に向かって、ぜひ1歩1歩近づいていってください。

今日の凶は明日の大吉

おみくじは神様からのアドバイス

神社仏閣に参拝する楽しみの1つに「おみくじ」があります。

もともと、おみくじは、中国で政治や後継者を決めるときに吉凶を占うためにクジを引いたものが由来で、中国の古いクジの一種である天竺霊籤が南北朝時代から室町時代の初頭あたりに日本へ渡り、平安時代に元三大師が「元三大師百籤」というクジを作ったのが日本のおみくじのルーツと言われています。

伏見稲荷大社には、いくつかおみくじを引ける場所がありますが、山頂の一ノ峰には、無料でおみくじが引けるところがあります。さすがに無料で引くのは申し訳ないので、小銭をポケットに入れて登り、賽銭箱に賽銭を入れてお参りをした後に、おみくじを引くのを日課にしていました。

筒状のおみくじ箱を振ると、小さな穴からおみくじ棒が出てきて、先に書いてある数字を見て、目の前にあるプレートに書いてあるおみくじの結果を読みます。

伏見稲荷大社のおみくじは、1番から32番まであり、吉凶の種類は17種類。なかなか他の神社にはないと思いますので、書き出してみましょう。

「大大吉、大吉、凶後大吉、凶後吉、末大吉、末吉、向大吉、吉、中吉、小吉、小凶後吉、後吉、吉凶未分末大吉、吉凶不分末吉、吉凶相半、吉凶相交末吉、吉凶相央」となっており、単独の凶はありません。


私は毎回、山頂でおみくじを引くと、Apple Watchで計測した山頂までの登頂時間とおみくじの結果をスマホで撮影していました。すると、GPS情報が入るので、スマホを見返すと何月何日にどのクジが出たのかわかります。

あるとき、どの結果をどれぐらいの頻度で出しているか知るために、エクセルにしてみましたが、けっこう結果が偏っていることが分かりました。さらに100回以上、おみくじを引いていますが、32個のうち1つだけ出ていない番号がありました。私的には棒がない説だと思いますが、真相は分かりません。

ともかく毎回、今日の運勢を占ってもらうのを生きがいにしていた部分もあります。

おさんぽダイエットは、これまで挫折してきた数々のダイエット方法と違い、私は、あまりつらいと感じたことはありませんでしたが、時々訪れる停滞期など、ダイエットのモチベーションも下がってしまう時期もありました。

しかし、そんなときも、「おみくじ」の結果を見て、今は悪くても、後にとてもよくなる「凶後大吉」や、少し悪いことが起きても、後でよくなる「小凶後吉」が出ると、「よし、頑張ろう！」という気持ちになります。

じつは、おみくじが当たるのは、心理学的には「バーナム効果」が働いているからだと言われています。バーナム効果とは、誰にでも当てはまるようなことを言われているのに、自分のことを言われていると信じてしまうことです。

例えば、占いもそうですが、「あなたは、人に言えない悩みがありますよね」と言われれば、おそらく100％の人に当てはまるでしょう。

また、おみくじには「予言の自己成就」という効果もあります。おみくじの結果を見て、自分がそうなると思って行動をすることで、実際に予言が実現するわけです。後によくなる「凶後大吉」を引けば、「やせることができる」と思って行動をし、現実になるというわけです。

おみくじが当たる背景には、このような心理学的な要素もありますが、「大吉」が出れば、素直にうれしいものです。大吉が出たことで運勢が上がったと前向きになることができます。しかも、毎回、大吉がでるわけではなく、たまにしか出ませんから、よけいワクワクします。

もちろん「凶」が入っていたとしても、これ以上、悪くなることはないとポジティブに取ればいいわけですし、好調なときは「この調子で頑張りなさい」「油断してはダメですよ」、不調なときは「今によくなりますよ」「たまにはこういうときもありますよ」というように、「神社おさんぽダイエット」は、神様が応援してくれるのですから、みなさんも、きっと頑張れるはずです。

みなさんも、ぜひ「おみくじ」を神様からのアドバイスだと思って、引いてみてください。

神社がモチベーションスイッチをオンにする

神社は身近なアミューズメントパーク

神社には開運や厄除けなど、さまざまなご利益があります。さらに大きな神社の場合は、本殿以外にも摂社（神社が祭っている神様と縁のある神様や地主神を祭った神社）や、その他神様を祭った末社など、お社がいくつもある場合があります。神社は参拝をするだけでなく、いろんな楽しみ方があります。

伏見稲荷には、有名な千本鳥居がありますが、千本鳥居を抜けたところにある奥社奉拝所が、「お山めぐりコース」の起点となります。

この奥社奉行所の奥には「おもかる石」という石灯籠があります。願掛けをしながら石の重さを想像し、石灯籠の上の部分の石を持ち上げて、自分が想像していたよりも軽いと願いは叶い、想像よりも重いと叶わないと言われています。

私も何度かやっているので、石の重さは分かっているはずなのですが、その日によって感じる重さが変わり、軽い時も重い時もあるので不思議です。

奥社奉行所には、逆三角形で、キツネの顔をした白キツネの絵馬があるのですが、みなさんキツネのつり目の線を利用して、思い思いの顔を描いて奉納しています。もはやアートの域に達している絵馬もあり、なかなか面白いです。

さらに山頂を目指していくと、伏見稲荷で一番のパワースポットと言われている熊鷹社があります。背後には池があり、独特の雰囲気で日が暮れると少しおどろおどろしくなります。

この熊鷹社のすぐ上が四つ辻で、京都市内が一望できる絶景スポットです。ほとんどの観光客の方は熊鷹社で下山するのですが、ここから頂上まで行ってぐるっと回ってくる環状コースがあり、三ノ峰、二ノ峰と進み、ようやく山頂である一ノ峰に到着します。

一ノ峰は、観光目的で来る人はほとんどなく、正座をしてずっと念仏を唱えている方もいらっしゃいました。ここでおみくじを引いて下山をするのですが、途中に薬力大神が祭られている薬力社があり、薬を飲まなくてもよい生活を送れる、無病息災や身体健全のご利益があると言われています。

他にも伏見稲荷大社の裏参道には腰神不動神社という、名前の通り腰の痛みなどを治してくれる神様が祭られています。

せっかく神社参拝をするなら、ダイエット祈願だけでなく、その神社ならではのご利益を享受したいものです。「神社おさんぽダイエット」は、1つの神社を100回参拝するお百度参りがベースとなっていますが、地元の神社や、休日を使った小旅行など、毎回テーマを決めて神社巡りをすれば一挙両得です。

また神社のご利益とは関係ないですが、伏見稲荷は下山コースの休憩所に猫がやたらといて、鳥居の上を歩いていたり、観光客の方が猫の写真を撮っていたり、冬場はひなたぼっこをしていたりと、微笑ましい光景が見られるのも心の休憩になりました。

下山すると、ふもとの参道にはたくさんの出店が並んでいて、いつもサイコロステーキ屋台を横目で見ながら、「いつか食べてやるぞ、待っていろよ」と思いながら（好きな食べ物を我慢する断ち物的な意味で）、店員さんの大きな呼び声にも目もくれないようサングラスをかけ、イヤホンで聞こえないふりをして、毎日通っていました。

そして、もう1軒、患者さんがアルバイトをしているみたらし団子とせんべいも、ダイエットを達成するまで禁止にしました。

残念ながら、サイコロステーキの店は、コロナの影響かダイエット達成時には撤退していて夢かないませんでしたが（最近、戻ってきたようですが、長蛇の列でまだ食べていません）、みたらし団子は、ダイエット達成時に、買って食べることができました。

神社は周りに、いろんなお店があるので、ご褒美的なものを目標にするのも、１つのモチベーションになりますよ。

眺めのいい神社で人生の展望も開ける

自分だけのパワースポットを見つけよう

京都御所の近くにある上御霊神社は、平安時代に桓武天皇が怨霊を鎮めるために造った神社ですが、応仁の乱では、上御霊神社境内の森に陣を構えた東陣を、西陣が襲撃した御霊合戦がきっかけとなって、戦国時代の幕開けとなりました。

徳川家康、毛利元就、武田信玄、上杉謙信、前田利家、島津義弘といった戦国時代の武将たちは、禅宗（臨済宗や曹洞宗）を好んでいました。

戦国武将が神社を拠点にするのも、神社を戦場に出る前に神のご加護を受けられるように祈ったり、いつ命を落とすか分からない時代に、神仏が心のよりどころになったのは私たちでも想像ができます。

戦勝祈願をしたり、くじで戦の行く末を占ったり、神社はなくてはならない存在でした。

私は、特に信心深いとか、霊感がある人間ではありませんが、神社に行くと、言葉に言い表せないような「気」を感じ、やはり神様に自分が守られているような気持ちになれます。千本鳥居を通ると、すごくパワーをもらえるような気がして、必ず通るようしていました。

普通の道は、下界という感じがしますが、山頂まで上がっていくと、だんだんと天空が近くなり厳かな気持ちになります。

稲荷山は標高232mですが、途中で展望がいいスポットが2カ所あります。鳥居が途切れ、京都の伏見一帯が見える時に風が吹く感じがして、一瞬の清涼剤になります。山が開けているせいなのでしょうが、風通しがよく光が入ってきて、その光を浴びた瞬間にパワーがもらえたような気がして力がわいてきます。

私が神社おさんぽダイエットで行った回数は、伏見稲荷が圧倒的に多いですが、最初のころは明治天皇陵である伏見桃山陵に行っていました。たまたまクリニックのすぐ近所にあるという理由が大きいですが、往復約2㎞ですので120kgの体重でも膝や腰に無理なく行って帰ってこられる距離でした。

自然豊かな森林に囲まれていて、季節によって風景がどんどん変わっていくので、何度も訪れたくなります。

伏見桃山陵の正面には、２３０段の長い階段があり、下から見上げる景色は圧巻です。そして、その階段を登り切ると目の前に鳥居があり、その奥に明治天皇のお墓が見えます。「上円下方墳」という形をしています。

登ってきた階段を振り向くと大きく視界が開け、絶景が広がります。まさに自分の人生も開けるような感覚になります。

伏見桃山陵に向かう参道は、南側の正面は階段ですが、西側、東側はゆるやかな坂になっているので、時間と体力に余裕のある時は、坂から降りて再び階段を上がりというように、多い時は6往復ぐらいしました。

伏見稲荷もそうですが、伏見桃山陵も、何とも言えぬエネルギーが満ち溢れ、心が癒されたり、逆に活力を与えてくれます。

こういったパワースポットでお散歩をしているときは、周囲も静かで雑念が払われて無心になれます。自然と自分の心に向き合うようになり、自分の目標が達成できるような気持ちになります。

また神社は、初詣以外にもさまざまな祭事を行っています。正月のしめ飾りや旧年のお札を焼き上げる大とんど、2月の節分の豆まき、6月ごろに行われる無病息災を願う茅の輪くぐりなど、さらにご利益に預かれます。

ですから、ぜひみなさんも、**おさんぽダイエットコースに神社を取り入れることを強くおすすめします**。

もし身近に神社がなかった場合は、寺、城、公園、川、池、橋など、どこでもかまいません。街の高台など見晴らしのよい場所や、自分だけのパワースポットでもかまいません。ここへ来ると気分がシャキッとする、元気がもらえるようなスポットを見つけてください。

「他人の幸せ」を祈願すると自分に帰ってくる

お金が儲かる＝他人が幸せになること

曹洞宗の「お経」の1つに『修証義《しゅしょうぎ》』があります。そこには、「菩提心を発《お》こすというは、己れ未だ度《わた》らざる前《さき》に一切衆生《しゅじょう》を度《わた》さんと発願《ほつがん》し営むなり」と書かれています。

これは、「悟りを開いた生き方は、自分の幸せより、周りの人の幸せを考えて、手を差し伸べることである」という意味です。

海外の研究では、他人が幸せになってほしいと願うことで、幸福度が高くなり不安が減少したり、また、嫉妬深い人や不信感を抱くほど認知症の発症リスクが高まるという結果もあります。

だからというわけではありませんが、私はお参りをする時は、自分のダイエット祈願だけではなく、必ず患者さんのことも祈願していました。

私のクリニックは地元密着型ですが、プラセンタ、ダイエット、アンチエイジング、トランスジェンダーの治療といった、近隣の産婦人科ではあまり扱っていない診療をしているので、患者さんのカルテを見ると、京都市内でも遠くの住所や、他府県から足を運んでくださる方もたくさんいます。

他にも病院はいくらでもあるのに、少しでも自分の状況をよくするために、わざわざ調べたり人から聞いて病院や医者を探し、私を頼って来てくださっているので、その気持ちに応えたい、できる限りのことをしたいという気持ちが常にあります。

患者さんがなかなか治らなかったり、自分の力が及ばないこともあります。自分自身でも国内外の最新医療を勉強したり、診療を最善の状態で提供できるよう、自分の健康をベストコンディションに保つこと、気持ちが前向きになることも大切ですが、そういうときこそ神頼みではないですが、「自分に力を与えてください」と祈願しています。

私が父親からクリニックを引き継いだ時は借金だらけだった経営を立て直し、クリニックでは保険診療以外の治療もするようになり、患者さんの数も8倍になりました。

日本では、お金儲け＝卑しい、守銭奴のようなイメージがありますが、お金を儲けるというのは、他人に施したことへの対価を得ているということです。

中には法外な値段に設定し、不当に利益を上げている人間もいるので、お金に対してネガティブになる人が一定数いますが、本来は、**お金が儲かる＝他人が幸せになる**ことだと考えています。

一般企業が質の高いサービスや商品を提供して、お客さんが満足をし、それに対する報酬をいただいているように、医者も同じように、患者さんに満足のいく医療を提供し、診療費や治療費をいただいています。そして、そのお金を、さらなるスキル向上のための勉強に使ったり、最新の機器や設備を導入し、再び患者さんに喜ばれるよう還元していくのが、クリニックの役目だと思っています。

そして、「先生のクリニックに来て、本当によかった」と、患者さんの笑顔を見るのが、私の幸せにもつながるのです。

おわりに

夢を叶えたり目標を達成する方法は「成功するまで諦めないこと」だと、よく言います。しかし私は、どちらかというと、さまざまなことを諦めて、1年間で50kgの減量に成功しました。

例えば、**「サボることを諦める」**。

朝、運動をしてお風呂に入って仕事に行こうとなると、いつもより30分、1時間早く起きる必要があります。しかし、「しんどいからやめよう」と、サボるということを諦めたのです。

否定と消極的意志のレトリックなので、一瞬、ピンとこない方もいるかもしれませんが、「やる」のを諦めると「やらない」になりますが、「サボる」のを諦めたら、もう「やる」選択肢だけが残るということです。

しんどいから、嫌だから、気分が乗らないから……と、サボりたくなる理由はいくらでもありますが、「1年間サボることを諦める」と決めて、朝、起きた瞬間にエアロバイクに飛び乗ってこいでいました。

振り返れば、これまでの人生、すべてそうでした。医者になると決めた時も、「勉強しない」ということを諦めて、「勉強しない」という選択肢を頭の中からなくしました。フルマラソンに挑戦をした時も、「フルマラソンを完走するためのトレーニングをしない」というのを諦めました。

ですから、ぜひみなさんも**「夢を追わないことを諦め」**てほしいのです。目標を達成するまで、それに向かって努力をしないことを諦めたら、何でも達成することができます。達成というプラスのイメージだけを持ち、それ以外のことは考えないこと。「サボる」というマイナスイメージを持たないようにしましょう。

そうすれば、必ずダイエットも成功することができるはずです。

また「ダイエット＝体重を落とす」と考えている人もいるかもしれませんが、ダイエットとは、理想の体重にして体のバランスを整えるということです。

体重が多すぎてもいけませんし、少なすぎてもいけません。健康状態に持っていくのがダイエットなのです。

本書の「おさんぽダイエット」は、体重を落とすことにフォーカスして話をしてきました。

じつはおさんぽは、やせすぎている人にとってもおすすめです。おさんぽをすることで、太りすぎている人はカロリーを消費することで体重を減らして健康的な状態に持っていくことができますが、やせすぎている人も、歩いたり筋トレをすることで、より健康な体型に近づけることができます。

また「おさんぽダイエット」の効果は体型といった見た目だけではありません。足の筋肉を使い、心臓のポンプ機能を保持してくれるので血液循環がよくなり、血圧の高い人は低くなり、低い人は上げることができます。

東洋医学の漢方では、「実証」と「虚証」という考え方があります。同じ病気であっても、その人の体質によって症状の出方が違うということです。「実証」の人は、熱が出て火照ったりしますが、「虚証」の人は、悪寒で震えるといった具合です。

実証の人はガッチリタイプで、血圧が上がってイライラしやすく、虚証の人はやせすぎで冷えが出たり、精神が不安定になりがちです。

そこで、「実証」でもなく「虚証」でもなく、「中間証（中庸）」に持っていくことが大事とされていますが、この「おさんぽダイエット」は、実証の人も虚証の人も、「中間証（中庸）」に近づける効果があります。

ですから「おさんぽダイエット」で体重を落とした後も、ぜひ体調を整えるためにもおさんぽの習慣を続けてほしいと思います。みなさんが健康な体を保ち、人生に対してどんどんポジティブになっていただけることが、医者でもあり、「おさんぽダイエット」の提唱者としての願いです。

令和5年9月吉日

石原クリニック・院長　石原広章

Special Thanks to:

真紀先生
娘たち
名誉院長
クリニックのスタッフ
京都医療センター・メタボリック外来の先生方
吉田社長をはじめ天才工場のみなさん
自由国民社のみなさん
小島央先生
Ｄｒ．ストレッチ・トレーナーのみなさん
フジイミツグさん
小林会長をはじめ納屋町商店街のみなさん
アトリエエムズさん
江崎器械さん
日本メディックスさん
プロティア・ジャパンさん
京都府保健事業組合さん
伊藤電工さん
家村建設さん
日進住建さん
竹村工業さん
ＦＭ８４５のみなさん
おかき処寺子屋本舗さん
りょん君・菜月ちゃん（ＴＯＩ ＷＯＲＬＤ）
ＬＩＮＥオープンチャット「Ｄｒ．ヒロＬａｂ」ご参加のみなさん
クリニックに受診していただいている全ての患者さん

石原　広章（いしはら ひろあき）

石原クリニック　院長　https://www.ishihara-1dcl.jp/
京都市伏見区の産婦人科・内科、１９７７年開院

１９７０年9月13日、京都府京都市出身。医師（開業医）の父の元に生まれる。

幼少期はアメリカニューヨーク州バッファローで過ごす。

医師免許を取得後、地元の大学病院（京都府立医科大学）産婦人科に就職。

京都府立医科大学大学院にて医学博士号を取得。

京都府立医科大学産婦人科のスタッフとして5年勤務し、実家の「石原クリニック」に就職。

勤務7年目、母親が乳がんで逝去し、直後院長に就任。

院長就任後、赤字だったクリニックの患者数が8倍に増加。

クリニックの経営に力を入れていたこととコロナ禍の影響で、１２３kgまで体重が増加。

50歳を目前に妻から極度の肥満を指摘され、ダイエット開始。

行程11㎞の伏見稲荷大社に毎日お参りし、1年でマイナス50kg達成。

自身のクリニック（産婦人科）でも「3次元加速度トレーニングマシン」などを使用したダイエットを妊婦さんを含む女性たちに指導している。

1年で50kgやせた医師がやっている
おさんぽダイエット

二〇二三年（令和五年）十月二十七日　初版第一刷発行

著　者　石原 広章
発行者　石井 悟
発行所　株式会社自由国民社
東京都豊島区高田三―一〇―一一　〒一七一―〇〇三三
電話〇三―六二三三―〇七八一（代表）
造　本　JK
印刷所　横山印刷株式会社
製本所　新風製本株式会社

Staff
出版プロデュース
㈱天才工場 吉田 浩
編集協力
潮凪 洋介
下関 崇子